U0105225

为君染白梨花殇

真实的清宫后妃

兰泊宁 著

团结出版社

图书在版编目（ＣＩＰ）数据

为君染白梨花殇：真实的清宫后妃 / 兰泊宁著. --
北京：团结出版社，2019.3
ISBN 978-7-5126-6698-6

Ⅰ．①为… Ⅱ．①兰… Ⅲ．①宫廷－生活－中国－清
代－通俗读物 Ⅳ．①K249.09

中国版本图书馆CIP数据核字(2018)第232202号

出　版：团结出版社

　　　　（北京市东城区东皇城根南街84号　邮编：100006）

电　话：（010）65228880　65244790　（出版社）

　　　　（010）65238766　85113874　65133603（发行部）

　　　　（010）65133603（邮购）

网　址：http://www.tjpress.com

E-mail：zb65244790@vip.163.com

　　　　fx65133603@163.com（发行部邮购）

经　销：全国新华书店

印　装：三河腾飞印务有限公司

开　本：147mm×210mm　　32开

印　张：8.625

字　数：162千字

印　数：4045

版　次：2019年3月　第1版

印　次：2019年3月　第1次印刷

书　号：978-7-5126-6698-6

定　价：36.00元

（版权所属，盗版必究）

目录

第一卷 孝贤纯皇后富察氏：

廿载同心成逝水，两眶血泪洒东风

名门有淑女

在人们的印象中，"多情""风流"这些词已经成为乾隆的专属词。无论是在正史中还是野史中，乾隆都是一个风流不羁的皇帝。乾隆是清朝历史上拥有后妃最多的皇帝之一，可以说身边美女如云。仅三宫六院的嫔妃就多达41人，更不要说采过的民间女子了，电视剧《还珠格格》中紫薇的母亲夏雨荷就是民间女子中的一位，由此乾隆一朝也成为目前编剧和小说家最喜欢编撰故事的一个朝代，他也成了一个故事最多的皇帝。他与这些后妃之间的情感纠葛，成了后世一些流言家、小说家、戏曲家感兴趣的题材，他们极尽演绎编撰之能事，将他塑造成一个处处留情的风流天子形象。真实的乾隆是否真的如此多情好色？我们不得而知，但他的嫡后富察氏赢得了他一生一世的爱和敬，却是不争的事实。

按说这么多的美女，这么多的妃嫔，乾隆不该总思念着一个人、总是难以忘情于一个人，但是他确实一直对孝贤纯皇后富察氏念念不忘。

孝贤纯皇后富察氏，满洲镶黄旗人。满洲镶黄旗为上三旗中的首旗，由皇帝亲统，地位很高，在清代皇后中，真正出身于满洲镶黄旗的并不多。孝贤纯皇后不仅旗籍高，而且出身于名门宦家、世代簪缨。

　　她是乾隆原配皇后，一等承恩公李荣保之女。康熙五十一年（1712年）二月二十二日生。乾隆十三年即1748年正月随驾东巡，三月十一日，于返回途中死于德州舟次，时年36岁。乾隆十七年（1752年）十月二十七日奉安于胜水峪地宫。谥号：孝贤诚正敦穆仁惠徽恭康顺辅天昌圣纯皇后。

　　孝贤纯皇后来自于一个大家族。富察氏是以地命名的姓氏，是满洲八大姓的佟、关、马、索、赫、富、那、郎中的第六个（《皇朝通志·氏族略·满洲八旗姓》）又作"傅察""富尔察"。该族世居沙济（辽宁省新宾）、界凡、叶赫、蜚优城、额宜湖（待考）、扎库塔、长白山、讷殷等地。所冠汉字姓富、傅、礼、石、谭、马、沙、付、庆、宁、李等。其中，世居沙济的汉字姓"沙"；世居讷殷的汉字姓"傅"。"富察氏先世旺吉努，满洲镶黄旗人，世居沙济地方，后金初年率族众投归，清太祖努尔哈赤将族众编为半个佐领，由其统领。"族众在女真各部的统一战争中，多有业绩，史料中立传之人达十数人之多。

　　富察氏家族早在金朝就有很多著名人物：金肃宗靖宣皇后、睿宗钦慈皇后、兰陵郡王、东京留守、太祖驸马蒲察石家奴、平章政事蒲察通、参知政事兼左副元帅蒲察官奴。从清太祖到清世宗时期，富察氏家族人才济济，名臣辈出，为大清多建功勋。早在努尔哈赤时期，她的祖先旺吉努就率族众归附了后金，在统一东北、创建帝国的多年征战中，屡建战功。她的曾祖父哈什屯在太宗朝以军功官至礼部副理事官，至顺治年间，累官至内大臣，加太子太保。她的祖父米思翰在康熙年间任议政大臣，当过七年的户部尚书，掌管国家的财政大权，曾经大力支持康熙的撤藩政策，深受康熙的器重。哈什屯和米思翰均于乾隆十三年（1748年）五月被追赠为一等承恩公。孝贤纯皇后的父亲李荣保是米思翰的第四子，官至察哈尔总管。她的伯父马齐在康、雍、乾三朝任保和殿大学士达23年之久，时间之长，在有清一代是罕见的。她的另一位伯父马武任过都统、领侍卫内大臣，官居一品，位极人臣，多年报效朝廷，深受皇帝的倚重。

孝贤纯皇后出身于这样一个名门望族中的显赫家族，从小就接受良好的正统教育，娴于礼法，深明大义，并有一定的文化修养，加之天生端庄文静，可以说是一位标准的名门淑女、大家闺秀。

她16岁时被雍正指婚给当时的皇四子弘历。当时的弘历17岁，而早在四年前的雍正元年八月，弘历就被雍正秘密立储了，密诏放置在乾清宫的正大光明匾后面。虽然当时的弘历并不知道自己已经被立为储君，但是在雍正眼中，弘历的嫡福晋就是未来的一国之母、统领六宫的皇后，所以富察氏的婚姻仍然是非常富有政治色彩的。

雍正以其独有的犀利眼光认定这位端庄、秀美、文静的少女，具备成为大清一代贤后的素质。

按照清朝皇子的婚礼制度，嫡福晋是指婚的，而富察氏就是嫡福晋。因而她的父亲李荣保在指婚那天，要到乾清门前，面向北方听传旨大臣的传旨："今以富察氏李荣保之女作配皇子弘历为嫡福晋"，在三拜九叩谢过皇恩之后，就要选择良辰吉日等待弘历率领大臣、侍卫到她家行文定礼，在完婚前一天，富察氏的妆奁由她的额娘送到弘历的住所。

雍正五年（1727 年）七月十八日，在紫禁城内的乾西二所（弘历即位后改名为重华宫，今故宫西北侧的重华宫），皇四子弘历和富察氏举行了隆重的结婚典礼。史称"赐成大婚礼"，富察氏正式成为弘历的嫡福晋。

婚后，这对小夫妻相敬如宾，感情笃挚，很是恩爱。乾隆二年即 1737 年 12 月，大行皇帝雍正去世 27 个月孝期满，乾隆为富察氏举行了隆重的册立皇后大典，富察氏正式开始了皇后生涯。

一代贤后

史书上关于富察氏的记载只有寥寥几笔，一是"恭俭，平居以通草绒花为饰，不御珠翠"；二是"以鹿羔绒制为荷包进上，仿先世关外旧制，示不忘本"。

身为皇后平时只是佩戴野花、绒花，这种简朴自然是非常难得的；仿照入关前的做法——用动物的皮革制成荷包进献给皇帝，以表示不忘祖宗开基创业之艰难，这在满洲权贵中更是非常难得的。其实就是一般的八旗子弟在入关百余年后，也已经变得安于享乐，早把当年的进取精神消磨殆尽，不会说满语、不擅长骑射者已经比比皆是，乾隆对这些忘本者采取了严厉的惩罚，不精通满语骑射者不得袭爵。

在这个问题上富察氏同乾隆的确是"心有灵犀一点通"。

富察氏身为中宫皇后，主管后宫事务，有享不尽的荣华富贵，但她并不挥霍。她生来就好节俭，反对铺张浪费。平时，她从不佩戴用金玉珠翠制成的饰件，帽子上插的是用通草绒线做的花。她认为用金线、银线制做荷包、香袋等物品是极大的浪费，无异于暴殄天物。

一次，乾隆在阅读祖父康熙御制的《清文鉴》一书时，得知满洲旧俗有用鹿尾绒毛搓成线，代替金线绣在袖口的做法。那是由于满族居住在关外，生活条件艰苦的缘故。乾隆将这个学习心得告诉了孝贤纯皇后。言者无意，听者有心，孝贤纯皇后深受启发。于是她每年进献给乾隆的荷包都用鹿尾绒搓成的线缝制，十分简朴，以此表示她永不忘本之意。孝贤纯皇后这种节俭之风和不忘本之心，深受乾隆的敬佩和尊重。

富察氏孝敬公婆，问安侍膳，恪尽子妇之责，深受公婆的喜爱，与公婆关系十分融洽，富察氏对待自己的夫君乾隆更是感情至深，爱护有加；富察氏主持后宫不妒不偏，深明大义，也深得其他妃嫔的敬重。她似乎拥有了一切，无上尊崇的地位，和谐温馨的家庭生活，她满足并小心翼翼地维持着这一切。

在富察氏近乎完美的一生中，唯一的也是最痛心的就是连失两子。她的长子永琏深受皇恩，却不幸早亡。乾隆十一年，已经35岁的富察氏又为乾隆生下了皇七子永琮，不幸的是这个孩子也夭亡了。

永琮出生当天正逢亢旱之后大沛甘霖，又值"佛诞"——佛家指农历四月初八为佛生日——这样吉祥的日子，让乾隆皇帝大喜过望，挥笔写诗道：

> 九龙喷水梵函传，疑似今思信有焉。
>
> 已看黍田沾沃若，更欣树璧庆居然。

又在下面加了注释："是日中宫有弄璋之喜"。"弄璋"典出《诗经》："乃生男子，载寝之床，载衣之裳，载弄之璋"，后人于是把生男孩文雅地称"弄璋"，这首名为《浴佛日复雨因题》的诗后两句是："人情静验成和豫，天意钦承倍惕乾。额手但知丰是瑞，颙祈岁岁结为缘。"佛诞日民间有结缘之俗，乾隆祈盼年年浴佛日能结喜缘。

第二年佛诞，永琮周岁，皇天不负乾隆所望，绵绵细雨竟夜而降，乾隆叠去岁韵再赋诗一首：

> 廉纤夜雨枕边传，天眷常承独厚焉。
>
> 饶有对时增惕若，那无抚节庆油然。
>
> 醉盘嘉祉微图篆，佛钵良因自竺乾。
>
> 恰忆去年得句日，果然岁岁结为缘。
>
> 自注：去岁中宫生子，今日适逢周醉。

从这两首诗来看，乾隆这时的心情好极了，他已把承继大统的希望完全寄托在这个富察氏嫡出的婴儿身上。

可惜的是，永琮未满两岁，又因出痘（天花）于乾隆十二年腊月二十九日身亡。这一年除夕，当千家万户沉浸在辞旧迎新的欢乐之中时，皇宫里却一片死寂。而富察氏因爱子再遭夭折，终至一病不起。

以乾隆在得子时的狂喜，他现在真是悲痛万分，谕曰："先朝未有以元后正嫡绍承大统者，朕乃欲行先人所未行之事，邀先人不能获之福，此乃朕之过耶！。"

因为既是乾隆自己心目中的继承人，也是中宫嫡子，加之有特谕指名"皇七子丧仪应视皇子为优"。于是这个内定的小太子（谥"悼敏皇子"，这在清朝皇子中是极少见的特例）之葬仪隆重至极。

富察氏一生中生了四个孩子，其中三个早亡，而永琮是她在时隔十五年后好不容易才孕育的，不论多么隆重的礼仪也无法弥补一个母亲痛失爱子的悲伤。乾隆带她出去散心，打算借游山玩水来排解孝贤纯皇后心中的痛子之情。不承想这个决定却造成了他们夫妻的永诀。

东巡猝死

乾隆十三年（1748年）正月，元旦刚过33天，乾隆就奉皇太后，偕皇后富察氏东巡。

二月二十四日，东巡队伍来到山东曲阜，游览了著名的孔庙。第二天，在孔庙举行了盛大的祭奠典礼，还拜谒了孔林、孔府等。二月二十九日，他们登上了东岳泰山。三月四日，到济南游览趵突泉。三月六日这天，他们游览了历下亭。三月七日，再一次游览趵突泉。三月八日，乾隆奉皇太后回銮，踏上了回京的路程。

三月十一日，到达山东省边界德州，弃车登舟，沿运河从水路回京。当晚亥时，富察氏病死于船上，年仅36岁。

乾隆立即将富察氏病死的消息上奏给了皇太后，皇太后亲自到船上临视了富察氏，"悲恸良久"。乾隆命庄亲王允禄、和亲王弘昼，恭奉皇太后御舟缓程回京，自己在德州料理富察氏的丧事。

羞愤落水说

富察氏在二月二十九日登上泰山，三月四日还游览了济南的趵突泉，怎么会在七天以后就忽然病死了呢？因此，关于富察氏之死因，一直是颇有议论。概括起来，主要有三种说法。

有人说富察氏是羞愤落水而死的。《清鉴纲目》就这样记载："回銮至德州，帝在舟中夜宴，后在他舟闻之，恐滋事变。后素性严重，虽在行次，不忘永巷之规。是日至帝舟，因事进谏，语颇激切。时帝已被酒，怒后，颇加诟谇，后羞忿返，失足蹈水死。帝醒，乃大悔。"

《清朝野史大观》也如此记载："相传，傅恒夫人与高宗通，后屡反目，高宗积不能平。南巡还至直隶境，同宿御舟中，偶论及旧事，后诮让备至，高宗大怒，逼之入水。还京后，以病殂告，终觉疚心。"

《中国历史大事编年·第五卷》清近代部分载："皇后富察

氏投水死。十一日夜，乾隆东巡回驻德州，于舟中宴饮淫乐。皇后
富察氏激切进谏，乾隆加以诟谇。后羞忿，投水死。皇太后得闻临视，
悲恸良久。"

蔡东藩在《清史演义》里演绎说：

"富察氏之嫂（实为弟妹）即傅恒夫人，在富察氏千秋节时
前来祝寿。酒宴间联诗。

乾隆起句道：'坤闱设帨庆良辰'，富察氏续道：'奉命开
筵宴众宾'，嫂嫂随续道：'臣妾也叨恩泽逮'，乾隆则接道：'两
家并作一家春'"。

酒后乾隆同嫂嫂私通，被富察氏察觉。富察氏同乾隆从此产
生芥蒂。祸不单行，富察氏生的儿子永琮，被秘密立为皇太子，
也因天花病死。

乾隆十三年（1748 年）出巡，皇后富察氏陪同，死于船上。

这样，就有了诸如福康安身世之谜的传说与故事，说福康安
为乾隆同傅恒夫人所生。高阳认为：福康安的际遇之隆，清三百年，
无与伦比。虽"垂髫豢养"，却本传不见记载；虽"多年训诲"，
却并未招作额驸（其两兄皆为额驸）。因之，"其中原故，反足深思"。

也有人说富察氏是悲痛忧郁而死。

永琏、永琮的接连殇逝，给富察氏带来了极大的精神创伤，

使她悲伤忧郁难以控制，健康状况越来越差，致使死在回銮途中。

还有人说富察氏是病故。这是清廷的官方说法。

乾隆《起居注》载：乾隆十三年（1748年）"三月十一日乙未，驾至德州登舟。先数日，皇后偶感寒疾，至是日疾甚，……夜半亥刻崩逝"。《清实录·高宗实录》载："皇后同朕奉皇太后东巡，诸礼已毕，忽在济南微感寒疾，将息数天，已觉渐愈，诚恐久驻劳众，重廑圣母之念，劝朕回銮。朕亦以病已痊，途次亦可将息，因命车驾还京。今至德州水程，忽遭变故。"

中国第一历史档案馆的清史专家刘桂林先生依据大量的清宫档案，对富察氏的死因进行了详细的考证，认为富察氏因寒疾而死是肯定无疑的。

大孝子乾隆此次是奉母出游，他的生母孝圣宪皇后钮祜禄氏作为皇太后也来了。虽然富察氏贵为中宫皇后，但也是儿媳妇，所以鞍前马后地照料老太太也是分内之事。可这也苦了富察氏，来回奔波加上痛失爱子还要强作欢笑，免不了疲劳过度，所以行进到泰山行宫的时候，富察氏就病倒了，虽然是风寒小症，但富察氏已是虚弱不堪，于是就劝乾隆早日回京。

为此，乾隆便尽早结束出巡。回京途中，富察氏的病情日益加重，终于，在龙舟行至山东德州时，富察氏撒手人寰，临终时，乾隆和她的亲生女儿皇三女陪伴在她身边。这一天是乾隆十三年三月三十一日，富察氏年仅 36 岁，而乾隆 37 岁。他们短短的 22 年的夫妻生涯在爱与痛中结束了。

绝世罕有的礼遇

在大行皇后崩逝的次日，乾隆在停泊在运河旁边的青雀舫上写下了痛悼大行皇后的挽诗：

> 恩情廿二载，内治十三年。
>
> 忽作春风梦，偏于旅岸边。
>
> 圣慈深忆孝，宫壸尽钦贤。
>
> 忍诵关雎什，朱琴已断弦。
>
> 夏日冬之夜，归于纵有期。
>
> 半生成永诀，一见定何时？
>
> 棉服惊空设，兰帷此尚垂。
>
> 回思想对坐，忍泪惜娇儿。
>
> 愁喜唯予共，寒暄无刻忘。
>
> 绝伦轶巾帼，遗泽感嫔嫱。

一女悲何恃，双男痛早亡。

不堪重忆旧，掷笔黯神伤！

同日，乾隆皇帝向全国公布了噩耗，谕旨曰：

"皇后同朕奉皇太后东巡，诸礼已毕，忽在济南微感寒疾，将息数天，已觉渐愈，诚恐久驻劳众，重厪圣母之念，劝朕回銮；朕亦以肤疴已痊，途次亦可将息，因命车驾还京。今至德州水程，忽遭变故。言念大行皇后乃皇考恩命作配朕躬，二十二年以来，诚敬皇考，孝奉圣母，事朕尽礼。待下极仁，此亦宫中府中所尽知者。今在舟行，值此事故，永失内佐，痛何忍言！昔古帝王尚有因巡方而殂落在外者，况皇后随朕事圣母膝下，仙逝于此，亦所愉快。一应典礼，至京举行。布告天下，咸使闻知。"

乾隆十三年（1748年）三月十六日正午，大行皇后梓宫由水路起旱，暂奉通州芦殿。在京王公以下，三品官以上，及诸皇子齐集举哀行礼。随后灵驾从通州芦殿出发，皇子们与皇后姻亲在旁痛哭随行。

傍晚时分，灵驾至京。四品以下官员；公主、王妃，大臣官员的命妇；内务府佐领内管领下妇女，分班在朝阳门、东华门内和储秀宫缟服跪迎。大行皇后梓宫进东华门，自宁寿宫西行，入苍震门，至长春宫，安奉于正殿。

此时，先行还宫的皇帝身着白绸孝服，看视皇子们在灵前祭酒三爵。按照总理丧仪王大臣所议，皇帝辍朝九日，仍循以日易月之制，服缟二十七日；妃嫔、皇子、公主服白布孝服，皇子截发辫，皇子福晋剪发；亲王以下，凡有顶戴的满汉文武大臣一律百日后才准剃头；停止嫁娶作乐二十七天；京中所有军民，男去冠缨，女去耳环。至于外省是否与京师相同，恭办皇后大丧仪的王公大臣们则颇感为难。清朝衙门办事，恪遵"有例不灭，无例不兴"的规矩。

本来，清代皇后丧仪的先例载在《会典》，后世办理此事，只需一翻便知。那是康熙十三年（1674年）五月初三，皇二子胤礽的生母、孝诚仁皇后赫舍里氏去世，其时正值三藩之乱，平西王吴三桂大军连陷湖南常德、澧州（今澧县）、衡州（今衡阳）、岳州（今岳阳）、长沙，靖南王耿精忠又响应吴藩，在福建举起叛旗，天下汹汹，民无固志。圣祖康熙皇帝唯恐外省各官举哀服丧，"有惑观听"，引起更大的惊恐混乱，遂降旨各省一切丧仪皆免。此后圣祖康熙诸后——孝昭仁皇后、孝懿仁皇后、孝恭仁皇后，世宗雍正孝敬宪皇后的大丧仪，就一律循例而行了，从未讣告在外文武官员、军民等照京师治丧。如今让奉令总理皇后大丧仪的王公大臣进退两难的是，照例行事，难免龙颜不悦，而违例提高丧仪规格，又必然招致非议。权衡之下，他们决定索性抛开本朝《会典》而援引先朝《大明会典》所载皇后丧仪，联衔奏请外省一律照京师治丧，理由冠冕堂皇："大行皇后正位中宫，母仪天下，忽值崩逝，正四海同哀之日。"乾隆自然照准。

于是各省文武官员从谕旨之日为始，摘除冠上的红缨，齐集公所，哭临三日，百日内不准剃头，持服穿孝的二十七天内，停止音乐嫁娶；一般军民，则摘冠缨七日，在此期间，亦不嫁娶，不作乐。天下臣民一律为国母故世而服丧，就清朝而言，尚属空前。

尚属空前的还不止于此。早在乾隆十年（1745 年），乾隆为去世的惠贤皇贵妃高佳氏拟定谥号时，富察皇后对乾隆说到过："我朝后谥上一字皆用'孝'字。倘许他日谥为'贤'，敬当终身自励，以符此二字。"乾隆回想起与富察皇后的夫妻感情以及她对皇太后最孝，对自己最贤，想来这孝贤给她绝不为过，另外这也算是了却了富察皇后的一片心愿。

乾隆十三年（1748 年）三月二十二日，乾隆发出了一道赐谥大行皇后为"孝贤纯皇后"的谕旨，他在谕旨中，对富察皇后的一生做了全面总结和高度评价，讲了赐谥"孝贤"的理由。

"皇后富察氏，德钟勋族，教秉名宗。作配朕躬二十二年，正位中宫一十三载。逮事皇考克尽孝诚，上奉圣母深蒙慈爱。问安兰殿，极愉婉以承欢；敷化椒涂，佐忧勤而出治。性符坤顺，宫廷肃敬慎之仪；德懋恒贞，图史协贤明之颂。覃宽仁以逮下，崇节俭以褆躬。此宫中府中所习知，亦亿人兆人所共仰者。兹于乾隆十三年三月十一日崩逝。睠惟内佐，久藉赞襄。追念懿规，良深痛悼。宜加称谥，昭茂典于千秋；永著徽音，播遗芬于奕禩。从来知臣者莫如君，知子者莫如父，则知妻者莫如夫。朕昨赋皇后挽诗有'圣慈深忆孝，宫壸尽称贤'之句。思惟孝贤二字之嘉名，实该皇后一生之淑德。应谥为孝贤纯皇后。所有应行典礼，尔部照例奏闻。"

此篇祭文，叙事精当，文辞委婉，感人至深，不愧是出于名家之手。

中国古代，极重所谓"谥法"。"谥"者，行之迹也。也就是帝后及大臣死后，要据其生前事迹，评定一个或褒或贬的称号。《大清会典》规定，皇帝崩逝所上庙号、尊谥，由大学士偕九卿科道等官会议，将所议定之字奏请嗣皇帝钦定；而后妃及王大臣凡应赐谥者，皆由大学士酌拟合适字样，奏请钦定。如今皇帝根本不理会内阁，径自降旨定大行皇后谥号为"孝贤"，实无先例。

随后，乾隆亲自护送载着富察氏灵柩的龙舟日夜兼程地赶回了北京，乾隆命令富察皇后的梓宫不能随便动，要连同龙舟一同运往富察氏生前居住的长春宫。他想把富察氏在德州病逝时所乘的御舟保存下来。

　　但是龙舟太大，城门洞狭窄，没办法通过城门，乾隆就下令把城门扒出一个缺口。当时任礼部尚书的海望想出了一个运船进城的好方法，即搭木架从城墙垛口通过。木架上设有木轨，木轨上满铺鲜菜叶，使之润滑。千余名人工推扶拉拽，将御舟顺利运进了城内，从而保住了城楼，节省了大量人力财力。

　　经过万般困难，富察皇后的灵柩终于到了长春宫中。此举虽然是乾隆极度悲哀之下的不明智举动，但确实也体现了他对富察皇后的痛惜和深厚感情。

　　乾隆十三年（1748年）三月二十五日，大行皇后梓宫移殡景山观德殿，乾隆亲临祭酒。在此之前，乾隆每天到富察氏生前居住的长春宫灵前祭酒，此后的初祭、大祭礼、满月礼等到后来富察氏梓宫暂奉东直门外静安庄以后的暂安礼、周年礼、二周年礼等等，乾隆每次都是亲临致祭。五月二十一日，皇帝素服亲御太和门，遣正使庄亲王允禄、副使平郡王福彭亲往孝贤纯皇后灵前行册谥礼。一直到乾隆十七年（1752年）冬，东陵胜水峪地宫完工，乾隆亲自护送富察氏梓宫安置于地宫宝床，至此，孝贤纯皇后大丧仪才落幕。

两眶血泪洒东风

乾隆在富察氏丧满之日，饱含悲泪地写了著名的《述悲赋》。他以深情的笔触，记述了富察氏生前的嘉德懿行，可以说是句句含情，字字珠泪，《述悲赋》具有催人泪下的震撼力量：

"嗟予命之不辰兮，痛元嫡之连弃。致黯然以内伤兮，遂邈尔而长逝。抚诸子一如出兮，岂彼此之分视？值乖舛之迭遭兮，谁不增夫怨怼？况顾予之伤悼兮，更恍恨而切意。尚强欢以相慰兮，每禁情而制泪。制泪兮，泪滴襟，强欢兮，欢匪心。聿当春而启蛰，随予驾以东临。抱轻疾兮念众劳，促归程兮变故遭，登画舫兮陈翟偷，由潞河兮还内朝。去内朝兮时未几，致邂逅兮怨无已。切自尤兮不可追，论生平兮定于此。影与形兮离去一，居忽忽兮如有失。对嫔嫱兮想芳型，顾和敬兮怜弱质。

望湘浦兮何先徂？求北海兮乏神术。循丧仪兮徒怆然，例殿禽兮谥孝贤。思遗徽之莫尽兮，讵两字之能宣？包四德而首出兮，谓庶几其可传。惊时序之代谢兮，届十旬而迅如。睹新昌而增怮兮，陈旧物而忆初。亦有时而暂弭兮，旋触绪而欷歔。信人生之如梦兮，了万世之皆虚。呜呼！悲莫悲兮生别离，失内位兮孰予随？入椒房兮阒寂，披凤幄兮空垂。春风秋月兮尽于此，夏日冬夜兮知复何时？"

乾隆同富察氏的感情一直非常融洽，他把与富察氏的感情升华到人伦之首来认识，这体现在悼念皇后富察氏《述悲赋》的开篇，乾隆就提出这个问题："《易》何以首'乾坤'？《诗》何以首'关雎'？人伦之伊始，固天俪之与齐。"在这里乾隆明确提出夫妻是"人伦之伊始"。

这是对儒家纲常观念的挑战。

按照儒家的纲常观念排在第一位的是父子，第二位的才是夫妻，第三位的是兄弟。

但汉族是非常强调血缘亲情的，因而在民间所流传的口头禅则是"兄弟是手足，老婆是衣服"，手足是斩不断的而衣服是可以换的，实际上已经把夫妻挤到第三位。

从关外崛起的满族没有那么多的假道学，乾隆的高祖——清太宗皇太极，在攻打锦州时得到宸妃病重的消息，当即放下一切重要事情，日夜兼程马不停蹄地往沈阳赶，还未到沈阳就得到宸妃去世的噩耗，巨大的悲痛竟使得这位驰骋疆场的开国皇帝昏了过去。至于乾隆的曾祖顺治更是因董鄂妃的去世而情绪失控，导致早亡。

乾隆在《述悲赋》中，以诗的语言发泄着内心的悲痛，诸如"纵糟糠之未历，实同甘而共辛"，"春风秋月兮尽于此，夏日冬月兮复何时"等等不一而足。

其中，那句"悲莫悲兮生别离，失内位兮孰予随？"其意是说，我是多么悲痛啊，这样生死离别，失去贤惠内助，今后谁来陪伴我呢？乾隆如此之悲痛万分，足可见，那些野史与传说不靠谱，完全缺乏历史依据。

嫡子的接连夭折，贤后的突然逝世，使乾隆陷入了极度悲哀之中，他心情烦躁，极易生气发怒，看什么都不顺心。许多大臣官员，甚至皇子、宗亲接连受到严厉叱责、治罪。而这期间，倒霉的皇长子永璜（哲悯皇贵妃富察氏所生）因为毫无悲哀之意，而被盛怒的乾隆斥为不孝，连同其师傅、谙达等一同受罚。而永璜也因为这次事件，失去竞争皇位的机会，没有了成为太子的可能，也为后来的颙琰登基埋下了伏笔。

当时，在乾隆看来，所有的儿子都应该痛不欲生，所有的大臣都应该呼天抢地。

当他感到 21 岁的皇长子永璜、14 岁的皇三子永璋对嫡母去世"并无哀慕之忱"，"于人子之道毫不能尽"时，怒不可遏，斥责他们"不识大体"，对嫡母仙逝"全不在意"。

并在王公大臣面前严正申明："朕百年之后，皇统则二人断不能承继。……朕以父子之情，不忍杀伊等，伊等当知保全之恩，安分度日……倘仍不知追悔，尚有非分妄想，则是自干重戾矣……

若不自量，各怀异志，日后必至兄弟弟兄相杀而后止，与其令伊等兄弟相杀，不如朕为父者杀之……"如此杀气腾腾的斥责，自然让两个未经过历练的皇子诚惶诚恐。

与此同时。血淋淋的惩罚也在朝廷上接二连三地出现：大学士阿克敦因下属把孝贤纯皇后的册文翻译成满文时有误，而被判处绞监候；在孝贤纯皇后百日丧期之内，剃发的官员被赐令自尽的就有大学士、江南河道总督周学健，湖广总督塞楞额；而刑部尚书盛安只因未将违制剃发的锦州知府金文淳、山东沂州都司姜兴汉判处斩立决，也被赐令自尽，刑部官员竟全部被革职。

实际上，在大清律例中，对国丧内剃发并未有明确的惩罚标准，在雍正去世时对违制剃发也未进行治罪，但这一切到了乾隆十三年（1748 年）竟成为可以引来杀身之祸的大问题。

在这种不正常的压抑与惶恐中，皇长子永璜在乾隆十五年（1750 年）抑郁而死，时年 23 岁。

乾隆在皇长子去逝后相当悲痛，追赠永璜为定安亲王，在将孝贤纯皇后的灵柩入葬裕陵时，也将永璜生母的灵柩也随同入葬，这也许是乾隆以此来表达对长子亡灵的一种慰藉。

逝者已经获得永久的摆脱，生者还要忍受不测的天威，这种巨大的精神压力终于把皇三子永璋的心灵摧毁。

乾隆二十五年（1760年）七月，皇三子亦撒手人寰。

永璋死后，被乾隆追赠为循郡王。

在两个皇子受到严厉斥责的同时，富察氏的弟弟傅恒被授予保和殿大学士的头衔，十一月初三傅恒从京城出发前往金川，指挥已经进行了一年半的金川之战。

傅恒在出师前夕，乾隆亲自祭祀堂子；而在傅恒离京之时，乾隆又派皇子及大学士到良乡为其钱行；随同傅恒出征的还有乾隆派出的三万五千名将士。

第一次平定金川的胜利奠定了年轻的傅恒的宰辅地位。傅恒担任宰辅20余年，直至去世。

真可谓是爱屋及乌。宠与不宠两重天。

富察皇后去世后，凡是她使用过的衾具、衣物等，全都保留，一切按原样摆放。西六宫之一的长春宫是富察氏生前的寝宫。为了能使自己时常回到与爱妻在一起的回忆中，乾隆下令保留长春宫富察氏居住时的原陈设，将富察氏生前用的东珠顶冠和东珠朝珠供奉在长春宫，还将富察氏及已去世的皇贵妃的画像供在那里。每年的腊月二十五日和富察氏忌辰时，乾隆都亲临凭吊。这种陈设和做法保留了四十多年，直到乾隆六十年（1795年）才下令撤掉，允许其他后妃们居住。

乾隆十九年即1754年，乾隆冬巡盛京（今沈阳）途经科尔沁（今通辽），遇到了孝贤纯皇后所生的皇三女固伦和敬公主。当公主与额驸达尔罕亲王色布腾巴勒珠尔一起侍宴时，乾隆面对着24岁的和敬公主，不由得想到了她的生母孝贤纯皇后，心里又是一阵酸楚："同来侍宴承欢处，为忆前弦转鼻辛。"看着女儿，想起发妻，鼻子酸酸，吃饭也不香。

孝贤纯皇后是在济南城得病的，几天后就病死德州，所以在之后多次南巡中，乾隆再也没进济南城，他怕故地重游，触景伤情。济南是他的伤心之地，他在诗中有明确表示。

　　济南四度不入城，恐防一入百悲生，

　　春三月昔分偏剧，十七年过恨未平。

虽然乾隆有一大群如花似玉的妃嫔，但任何一个都不能取代嫡后富察氏。

乾隆认为孝贤纯皇后的死，与她所生的两个儿子接连夭亡有关。他表示如果真是如此，宁可不让她生这两个皇子。在他看来，富察氏的命比两个皇子还重要。他的这一想法在临送富察氏梓宫奉移静安庄时所做的诗中有充分的体现。

　　凤逍遥即殡梓宫，感时忆旧痛何穷。

一天日色含愁白，三月山花作恶红。

温凊慈闱谁我代，寂寥椒寝梦魂通。

因参生死俱为幻，毕竟恩情总是空。

廿载同心成逝水，两眶血泪洒东风。

早知失子兼亡母，何必当初盼梦熊。

"梦熊"一词出于《诗经》"吉梦维何，维熊维罴"一句，后来喻为生男孩。

他在临送悼敏皇子奉移朱华山端慧皇太子园寝的一首诗中同样表达了这一想法。

一纾愤懑酹金卮，柳翣行将发引时。

此去想应兄待弟，都来何致母随儿。

试言邂逅谁能受，叠遇乖张命实奇。

不忍抚棺寄余恨，孩提莫道未全知。

平时，乾隆看见富察氏生前用过的物品，去与富察氏共同相处过的地方，就会暗自伤怀；甚至有时看到南飞的大雁，都会引起乾隆对富察氏的思念。

自富察氏入葬裕陵后，乾隆凡谒东陵，必到裕陵为富察氏酹酒，祭祀亡妻。据笔者统计，他一共去了17次，最后一次是嘉庆元年即1796年三月九日，是带着新即位的嘉庆皇帝一起去的。这是已为太上皇、86岁高龄的乾隆最后一次到富察皇后的灵前祭奠，这一年，他们已经阴阳分隔48年，将近半个世纪了，但乾隆仍在深深地怀念着富察氏。

乾隆在垂暮之年，凭吊遗踪，犹泫然泪下，此情可惊天地可泣鬼神了。几十年如一日地怀念着一个人，这种刻骨铭心的真情，岁月永远无法带走，可以说这是一种永恒。其用情之真、之深，令人慨叹。如果富察氏泉下有知，乾隆一直在惦记着她，相信也会深感满足和幸福。

富察氏去世以后，乾隆皇帝并没有册立新皇后，他不忍心马上就换人。不管野史怎么说，正史的记载中，乾隆没有立即册立新皇后，为的就是刚刚去世的孝贤纯皇后。乾隆对她的爱，不仅体现在她生前，还体现在她死后。乾隆带着天人永隔的悲痛，几十年如一日地怀念着故后富察氏，这是真实的、极为罕见的帝王痴情的故事。

从历史上乾隆留下的诗词来看，乾隆在富察氏去世以后，写下了很多思念的文字，每个字都饱含了他对富察氏的思念和深爱，这并不是一般人所能比的。一个女人能拥有这样的深爱，死亦无憾，何况这又是来自一代帝王的深爱呢？

有时候我在想，她到底是怎样的一个女人呢？历史的资料里只是很正统地简单介绍了她的出身，她的温柔贤惠，她的简朴，她的雍容高贵，她的聪明体贴，并没有很详细地描写这个幸福女人的外貌及其爱好。不过单凭能让一代帝王乾隆深爱不已，想必有其过人之处。

尽管乾隆的嫔妃众多，但是他和皇后富察氏之间的感情一直很好。他们之间不仅仅有着平常夫妻间的相互关爱，而且还有着共同的爱好。夫妻二人曾一同读过《诗经·关雎》篇，也曾赏过名画《捣衣图》；更为难得的是，这个出身大家族的小姐，丝毫没有那种娇生惯养的习性，作为六宫之主的皇后，她可以做到日常生活中不佩戴任何名贵的首饰，并且十几年如一日，实为难能可贵。这一点，也让乾隆一直对她刮目相看。在宫中多年，她一直对皇太后十分孝顺，逢年过节必定会把皇太后接到圆明园的长春仙馆奉养，因此不仅乾隆十分疼爱她，就连皇太后也十分喜欢这个儿媳妇。光这些还不足以表现出她贤良淑德的品质，更为难得的是，这个皇后对待其他的嫔妃非常的宽容，将其他嫔妃的子女视同己出。正因为她是这样一个女人，才能够使得乾隆一直安心治理朝政，无须为后宫之事分心。可以说，她是一位好妻子、好母亲、好儿媳、好知己、好皇后，女人所有应该具备的优秀品质几乎都可以在她身上表现出来。

也正是因为这些优良的品质，她才一直活在乾隆的心中。乾隆在近50年的时间里，一直活在追忆亡妻的情绪之中，他亲自到灵前祭奠了百余次，除有名的《述悲赋》外，还写了100多首追忆富察氏的诗词；86 岁的乾隆最后一次来到富察氏的陵前祭奠，写下了"齐手帅归室，乔寿有何欢"，意思是说自己虽然高寿，但是已经没有欢乐可言了。

在离别近 50 年之后，还能有这样的情绪，即便是现在的夫妻，也很难做到。

在嘉庆四年（1799 年）正月初三，乾隆带着这种思念去追寻他爱了一生一世的女人了，帝后二人后来合葬于清东陵之裕陵。

真爱其实很简单，简单到了一生一世永不改变。

真情其实很纯朴，纯朴到了字字饱含真情却不需要一点修饰。

从真爱真情到相守百年，是最高的幸福，也是最甜蜜的美好。

第二卷 乾隆继后辉发那拉氏

六宫从此添新庆，翻惹无端意惘然

最悲惨的皇后

《如懿传》引起又一轮狂热，书中关注的就是这位死无丧身之地的皇后。首先，人们要问为什么如懿的身后事要如此处理？接着，要知道的就是这里所写的辉发那拉氏如懿在史上到底是一个什么样的人。

清朝到了康熙年间，各种制度已基本完善。根据当时的丧葬制度，如果皇后死在自己的夫君皇帝入葬之前，那么就葬入皇帝陵内，与皇帝合葬；如果死在夫君皇帝入葬之后，就要单独建陵。乾隆皇帝弘历的第二个皇后辉发那拉氏死于乾隆三十一年（1766年），按照上面所说，就应该葬入裕陵，这已经有先例可循。早前去世的孝贤纯皇后以及慧贤、哲悯、淑嘉三个皇贵妃，早已葬入裕陵地宫，石门未关，在等待皇帝。辉发那拉氏入葬裕陵，顺理成章。可是她却没被葬入裕陵，也没有自己单独的陵寝。《清实录》《大清会典》等清廷官修的书籍中，没有记载她的葬地，清宫的档案中也没有记载她死后的去向。《昌瑞山万年统志》是由布兰泰原主编的清东陵专著，内容涉及广泛，记载翔实，从陵寝规制到祭祀礼仪，从内葬人物到神牌位次，从官员俸饷到机构设置，无所不包，但这部书关于这位皇后也只字未提。这位皇后到底葬到哪里去了？二百年来，一直是个谜。

死无葬身之地！是的，这位皇后悲惨到了如此地步！

经多方考证、查索，终于在《陵寝易知》这部书中发现了这位皇后的葬处。原来她葬在了裕陵妃园寝（也称纯惠皇贵妃园寝）前排正中主宝顶下的地宫内，与纯惠皇贵妃葬在了一起。这部书是东陵的官员在光绪十三年即1887年编写的。作者在书的序言中讲了编写此书的目的，他说："盖思既系旗仆，当知旗事。世食俸饷，累受国恩，能不忆差务乎？故考我朝鼎建昌瑞山，已二百四十年矣，然陵寝员役日众，差务日繁，自当平时留心详考，以备指掌，庶不负为旗仆耳。遇差，庶可稽察，所问犹如指掌，断不能疑难咨嗟，亦何致形同聋聩。虽无出类奇闻，正是本分应晓。"

很明显，这部《陵寝易知》是当时当差官员们的工作指南和备忘录，随着事情的发生和变化，随时记载，史料价值很高。

这部书在"陵寝规制及内葬人物"部分明确记载："谨按：皇贵妃园寝，中建宝城，奉安皇后、纯惠皇贵妃。宝城后，奉安皇贵妃、贵妃、妃、嫔、贵人、常在三十四位，均各券。"

在"神牌位次"部分记载："皇后，乾隆三十一年（1766年）七月十四日薨，是年九月二十八日入宝顶奉安，未入享，无祭。"

一位堂堂大清皇后死后受到的待遇竟如此不堪，而且官书和档案对此讳莫如深，只字不提，不能不让人深感疑惑。那么，辉发那拉氏到底是个什么样的皇后，在她身上到底发生了什么事呢？

乾隆的第二位皇后

皇后富察氏去世后，迫于太后的压力，乾隆才册封了第二位皇后辉发那拉氏。

事实上，辉发那拉氏从一开始就处于富察氏的巨大阴影中。乾隆太爱前皇后了，这当然对继后是一种巨大的压力。

辉发那拉氏生于康熙五十七年即1718年二月初十，她的父亲是满洲正黄旗佐领那尔布。比弘历小七岁的她是在雍正年间，通过选秀女，被雍正帝指配给弘历做侧福晋的。也就是说，辉发那拉氏在雍正年间入侍乾隆于藩邸，当时被封为侧福晋。乾隆即位后，封辉发那拉氏为娴妃。十年后，晋封为娴贵妃。

当时在藩邸的四位福晋中，乾隆最敬重皇后富察氏，最宠爱贵妃高佳氏，最容易被皇帝忽略、冷落的就是辉发那拉氏，就连纯妃、嘉嫔在乾隆心目中的地位也远远超过了辉发那拉氏，纯妃接连生育皇三子、皇六子，嘉嫔接连生育皇四子、皇八子，而娴妃却一无所出。

没有机会生育的辉发那拉氏唯一的慰藉就是她同太后特别投缘，也正是由于太后的好感，她才得到了娴妃的封号。

乾隆十年（1745 年）十月，娴妃辉发那拉氏同纯妃苏氏一起
被晋升为贵妃。三年后，皇后富察氏在东巡途中仙逝，中宫皇后
的位子出现空缺。当时，弘历 38 岁，正值中年。皇太后也就是那
位著名的孝圣宪皇后钮祜禄氏，对于后宫无皇后之事非常关心，
亲自为弘历选定娴贵妃辉发那拉氏为继后，在她看来，娴贵妃端
庄惠下，有母仪之风。

其实太后的主张是依据家法的，因为此时旧府邸的福晋中只
有娴妃辉发那拉氏在世，淑惠皇贵妃高佳氏先孝贤纯皇后富察氏
几年就去世了，侧福晋富察氏也早在雍正年间去世。此时，娴妃
在宫中的名位是最高的。

为这件事，老太后特地给弘历降下一道懿旨：

"皇后母仪天下，犹天地之相成，日月之继照。皇帝春秋鼎盛，
内治需人。娴贵妃那拉氏系皇考向日所赐侧室妃，人亦端庄惠下。
应效法成规，即以娴贵妃那拉氏继体坤宁，予心乃慰。即皇帝心有
不忍，亦应于皇帝四十岁大庆之先，时已过二十七月矣，举行吉礼，
佳儿佳妇，行礼慈宁，始惬于怀也。钦此。"

皇太后的旨意，乾隆不能违背，但他是不甘心的，具体体现
在以下几个方面：

首先请看乾隆的回复："朕以二十余年伉俪之情。恩深谊挚。

遽行册立。于心实所不忍。即过二十七月。于心犹以为速。"

因与前妻感情深厚，乾隆觉得皇后刚去世不久，在孝贤纯皇后死后不久就急忙册立新的皇后，尤其在大丧期间就册立新后，"心有不忍"，即使过了 27 个月仍然觉得太快。

为了不违背皇太后的旨意，他决定采取一个折中办法。

乾隆先在乾隆十三年（1748 年）七月把娴贵妃晋封为皇贵妃，摄六宫事（即代替皇后掌管六宫大小事务），暂代行皇后之职，管理后宫事务，即所谓的"摄六宫事"，等过了 27 个月的孝贤纯皇后丧期后，再举行册立皇后礼。

那是在乾隆十四年（1749 年）四月五日，奉太后懿旨，乾隆正式晋封贵妃辉发那拉氏为皇贵妃，"摄六宫事"。

尽管如此，乾隆仍然对立继后显得十分不情愿。

在册封辉发那拉氏为皇贵妃后不久，乾隆就在诗中坦率地写了这样一句：

"六宫从此添新庆，翻惹无端意惘然。"

又自注道：遵皇太后懿旨册封摄六宫事皇贵妃礼既成，回忆往事，辄益惘然。御制诗二集。

看来其之不情愿，达于顶点。

最后，不仅如此，乾隆在立后之前特地前往静安庄向亡妻告知此事，并大大地解释了一番，他表白自己与先皇后举案齐眉，白头偕老是他的夙愿，续弦这事是怎么发生的呢？是因为必须要有人上孝太后，下率六宫，这是一个要缺，不容虚置。

一年后即乾隆十五年八月初二日，乾隆又在太后的敦促下，举行了册立皇后之礼。从此，辉发那拉氏登上了皇后宝座，这年她33岁。

乾隆对这个皇后，既不像对孝贤纯皇后那么"敬爱"，也不像对令妃那样"宠爱"，在辉发那拉氏当上皇后的一年多时间里，乾隆对她依旧相当冷漠。乾隆对富察氏的思念，不会因岁月的流逝而冲淡，就像他在悼亡诗中所描绘的："忍诵关雎什，朱琴已续弦"，"半生成永诀，一见定何时"，"不堪重忆旧，掷笔黯伤神"，诚所谓，"制泪兮，泪沾襟，强欢兮，欢匪心"，"醒看泪雨犹沾巾"。

在他40岁生日那天，大家都在为"中宫初正名偕位，万寿齐朝衣与冠"而庆贺，乾隆却"有忆那忘桃花节，无言闲倚桂风寒"（《御制诗二集·卷二十》）。在那拉皇后陪同他去真定行宫时，乾隆想起的仍是旧时人："劝餐非昔侣，举案是新缘。"并自注：丙寅年来此孝贤纯皇后相随（《御制诗二集·二十真定行宫晚坐叠旧韵》）。

由此可见，辉发那拉氏这个皇后当得光有权力没有感情，所以，这个皇后很失意很落寞。为了证明自己的聪明能干，她事事要强；为了皇后的尊严，她经常声色俱厉。在她心里。确实有很多的不平衡。这些不平衡，渐渐把她变成了一个尖酸难缠的人。

乾隆对那拉皇后的态度发生转变是在乾隆十六年，那年三月十一日，是孝贤纯皇后三周年日，正赶上首举南巡江浙，乾隆与那拉皇后奉皇太后驻跸杭州圣因寺行宫。

就在孝贤纯皇后三周年忌日那一天，乾隆在悼亡的同时，竟然对长期被冷落的第二位皇后流露出些许歉意，这从"岂必新琴终不及，究输旧剑久相投"可窥见一二。

那是乾隆悼念孝贤纯皇后的一首诗。诗中无意间流露出对那拉皇后的内疚：

独旦歌来三忌周，心惊岁月信如流。

断魂恰值清明节，饮恨难忘齐鲁游。

岂必新琴终不及，究输旧剑久相投。

圣湖桃柳方明媚，怪底今朝只益愁。（《御制诗二集·卷二十五》）

这首诗中的"新琴"指那拉皇后，"旧剑"指孝贤纯皇后。

正是由于乾隆开始注意到辉发那拉氏的存在，皇十二子于次年降生（乾隆十七年），紧接着辉发那拉氏又生下皇五女（乾隆十八年）、皇十三子（乾隆二十年）。

乾隆十七年（1752 年）四月，那拉皇后诞育了皇十二子，这时乾隆的心情自然是高兴的，不仅仅在上谕中批复"又皇后已生皇子。一切顺适吉祥"，又为此写诗庆贺：

视朝旋跸诣畅春园问安遂至昆明湖上寓目怀欣因诗言志

视朝已备仪，弄璋重协庆。

天恩时雨旸，慈寿宁温清，

迩来称顺适，欣承惟益敬，

湖上景愈佳，山水含明净，

柳浪更荷风，云飞而川泳，

味道茂体物，惜阴励勤政。（《御制诗二集·卷三十》）

惹起无谓大祸

从表面上看，皇帝同第二位皇后的关系日趋缓和，但实际上长期的疏远，已经伤透了她的心；而皇帝对她那种近乎怜悯的情感，也只持续了五六年，她不到 40 岁时，皇帝的注意力就已转移到一位年轻妃子的身上，即令妃魏佳氏。

魏佳氏强烈地吸引了乾隆的注意力，她比辉发那拉氏年轻九岁。在乾隆初年入宫为贵人，比乾隆小 16 岁。

魏佳氏是汉人，她的父辈是隶属内务府的包衣，也就是说，魏妃的先人是在清初被掠为奴的汉人，编入满洲正黄旗，赐姓魏佳。乾隆在十年册封贵人魏佳氏为令嫔，十四年册封她为令妃，二十四年册封她为令贵妃。这一系列的册封，体现出魏佳氏愈来愈受重视。

从乾隆二十一年到乾隆三十一年，魏佳氏接连生下四子二女，11 年的时间生下六个孩子，这反映出魏佳氏同乾隆关系的密切。同时，魏佳氏频繁的生育，也反映出从乾隆二十年起，辉发那拉氏基本被皇帝遗忘了。

不过，魏妃的皇十七子出生的年份同皇十六子之间相隔了五年，而在此之前魏妃几乎是一年生一个，怎么会出现五年的间隔呢？一个不容忽视的现实是，伴随着清军对新疆的开拓，回部和卓氏的入宫，她所带来的西域风情极大地吸引了乾隆，别说辉发那拉氏，就连令妃也被搁在一边了。

这就是说，在新欢不断的情况下，辉发那拉氏虽然贵为皇后，统率六宫，但却难得见上皇帝一面。入主中宫的辉发那拉氏依然得像从前那样忍受孤独、寂寞、凄凉，对比曾经有过的爱抚和温存，在这样的情境下，变得更加难熬。

辉发那拉氏终于爆发了，她那要强又较真的个性，在进入更年期以后呈现出失控状态，她再也不能忍受被冷落了！

辉发那拉氏自正位坤宁宫以后，皇帝无论江南巡幸、盛京祭祖，还是木兰秋狝、皇陵展谒，都令其伴驾同行。

就在随同乾隆第四次南巡驻跸杭州时，辉发那拉氏因为劝诫"私生活失德"的皇帝，而遭到皇帝的呵斥，所以愤而断发，欲出家为尼，时为乾隆三十年（1765 年）二月十八日。

乾隆之所以震怒异常，原因有二：

一个原因是乾隆非常重视而且花大力气维护的良好名誉和光辉形象被继后这一闹腾全毁了。（乾隆的人生有三大目标——立德、立言、立功，为了达到这些目标，乾隆做了大量工作。乾隆非常爱面子）；再一个原因就是，按照满族习俗，只有丧夫立志不再改嫁的女子才剪发，辉发那拉氏此举自然被视为大忌，即使对她多有关照的皇太后也不能对此乖张之举予以宽恕。

虽然乾隆并未公开废后，但实际上，五月十四日裁撤皇后手下侍从，并把给辉发那拉氏的所有册封全部收回：即皇后、皇贵妃、娴贵妃、娴妃各一份——这等于在实质上进行了废后。并于当年的五月初十晋令贵妃魏氏为令皇贵妃，摄六宫事，辉发那拉氏被打入冷宫，精神与肉体俱受尽折磨，于次年即乾隆三十一年（1766 年）七月十四日病逝，时年 49 岁。死时身边仅剩两个随侍。

乾隆的隐痛

《清史稿·后妃传》记载："（乾隆）三十年（1765年），从上南巡，至杭州，忤上旨，后剪发。上益不怿，令后先还京师。三十一年七月甲午，崩。"

皇后剪发犯下大忌，她的死讯传来时，乾隆正在木兰围场打猎。听到死讯乾隆并没有停止打猎，只是命皇后辉发那拉氏的儿子回京办理丧事，并命丧仪照皇贵妃礼办理，也就是说要从皇后降一个等级到皇贵妃。

虽然乾隆下令以皇贵妃的礼仪安葬第二位皇后辉发那拉氏，但实际上辉发那拉氏的葬礼级别比皇贵妃还要低。在乾隆三十一年入葬裕陵地宫的后妃已经有四位：孝纯贤皇后富察氏，慧贤皇贵妃高佳氏，哲悯皇贵妃富察氏，淑嘉皇贵妃金佳氏。辉发那拉氏的灵柩未能进入乾隆的裕陵地宫，而是被安葬在裕陵妃嫔园寝，且未给她修建单独的地宫，只是将其灵柩放到纯惠皇贵妃的地宫的侧位，既不设神牌，也不放置任何祭祀物品。

辉发那拉氏所生的子女中唯一一个长大成人的皇十二子永璂也成为父母情感破裂的牺牲品。辉发那拉氏去世时，他才14岁，永璂不仅失去母爱而且还成为母亲断发的替罪羊，在如履薄冰的状况下，永璂又活了十年，于乾隆四十一年（1776年）正月去世，时年24岁。最可怜的是，永璂在生前并未得到任何爵位，死后也未得到追封，嘉庆四年，才被追封为贝勒。当年永璜虽然受到乾隆严厉斥责，但在死后还是被追封为亲王，然而永璂却连这份哀荣也得不到，乾隆对辉发那拉氏怨恨之深，可见一斑。

皇后断发在朝野掀起轩然大波，有关乾隆私生活失德、皇帝寻花问柳以及皇后进言屡遭申斥的传言，一时间四下蜂起。

因而在私人笔记中，不乏这类记载，在《清代野叟秘记》中就有如下一段记述："帝苦宫阃森严，遂由宫监某之献策，微行取乐，仿道君皇帝眷李师师故事焉。

时京师有妓曰三姑娘者，所与狎皆贵人，声气通宫禁，达官显宦，奔走钻营，仰其鼻息者，户限为穿。时九门提督以私怨下令驱逐诸妓，限一日全出境，违者逮捕治罪。于是诸乐户纷纷远移，独三姑娘若无事者……提督怒，亲率缇骑擒之，时已夜半，缇骑破扉而入，闻三姑娘伴狎客将眠矣。提督挥军，欲入房中搜索，三姑娘徐起，隔窗问'何事如此汹汹？若惊贵人，谁敢担其罪耶？'呼人出止之，且曰'有凭信在此，但持去阅之，自能觉悟，幸勿悔孟浪也'。

提督得纸观之，玺文朱墨上书'尔姑去，明日自有旨'。乃踉跄而归。"

而《野叟秘记》则把辉发那拉氏断发一节，演义成野史小说，现择其一二："后英毅有智略，而才色稍逊，高宗颇严惮之。

既而国内无事……帝自喜功高，渐怡情于声色。

后知之，时以忧盛危明，进脱簪之戒，帝固好名，初亦容之，继乃由厌倦生恶怒，辄以它故拒谏，后不能平……高宗南巡，皇后请从，未许，后强附太后以行。

入山东境，帝忽思管仲设女闾三百事，群臣奏对，多不称旨。

有小监某者，甚便黠，知皇上圣意所在，乃言'济南繁华，亚于扬州，欲访女闾当在此地……'高宗大悦。

至济南，小监下舟，顷之朱颜绿鬓，尽态极妍，二八丽姝，绢秀绰约，宛如一片彩云，吹落御舟……娱乐良久，帝乃择丰容秀丽，而态度不凡者约六人，留宿舟中……时帝方挟妓酣眠……突见皇后持纸却立，骇异殊甚，斥问何为。

后跪求有要务请上鉴察。

帝怒曰：'此何时也，尔将图谋不轨耶'……"由此而引发的便是皇后断发。"

蔡东藩在《清史演义》中，写了"游江南中宫截发"回目。小说中写乾隆在和珅陪伴下游金陵秦淮河，登舟游幸，感叹："北地胭脂，究不及南朝金粉！"乾隆同和珅在舟中，拥妓酣饮，色迷心醉。后被皇后发现，二人发生口角，"皇后气愤不过，竟把万缕青丝，一齐剪下"。就是说，皇后劝阻皇帝不要出去寻欢作乐，因而惹恼了乾隆皇帝。这种说法可能出自想象，但皇后惹恼了皇帝是肯定的。从此皇后辉发那拉氏就被打入冷宫。若不是众位大臣苦劝，乾隆皇帝就会重演当年他的曾祖父顺治皇帝废掉皇后的故事。第二年，也就是乾隆三十一年（1766 年）七月十四日，皇后辉发那拉氏终于在冷宫中走完了 49 岁的人生之路。

上述野史笔记固然不可作为信史，但它们的出现，却从一个侧面反映出皇后断发的确掀起一股强大的冲击波，乾隆被这股冲击波纠缠了至少有十几年。

乾隆四十一年（1776 年）七月，原都察院书吏严增请求乾隆册立皇后，其中涉及辉发那拉氏，把已经趋于平息的皇后断发波澜再次掀起，怒不可遏的乾隆，便处严增斩立决。

风波平地起

乾隆在四十三年（1778 年）去盛京谒陵，在回銮途经锦县时，锦县生员金从善向乾隆递上一份请求"立储""复立后""纳谏""施德"等内容的条陈，并要求乾隆应该就皇后辉发那拉氏断发一事，向天下臣民颁一份"罪己诏"。

　　事过十三年，书呆子金从善还就皇后断发一事指责乾隆私生活失德，要求皇帝下"罪己诏"，如果当初乾隆不对辉发那拉氏采取"曲予包容，不行废斥"，皇后断发所引发的波澜就将更大、更难平息。

　　乾隆在驳斥金从善的上谕中特别强调：在册立辉发那拉氏为皇后以后，对于辉发那拉氏所犯有的过失一再宽容，用上谕的原文就是"其后自获过愆，朕仍优容如故"。

　　乾隆所说的"优容如故"同野史中辉发那拉氏对沉湎于声色的乾隆屡屡进行劝谏，乾隆一开始还能容忍到后来已经厌恶、拒谏，辉发那拉氏为此愤愤不平的记载基本上是吻合的。

　　至于乾隆指责辉发那拉氏"自行剪发，则国俗所最忌者，而彼竟悍然不顾"之后，表示即使如此仍然对辉发那拉氏"曲予包容，不行废斥，后因病薨逝，只令减其仪仗，并未降明旨，削其名号，朕处此事实为仁至义尽。且其立也，循序而进，并非以爱选色升，及其后自蹈非理，更非因色衰爱弛。朕心事光明正大，洵可上对天祖，下对臣民，天下后世又何从訾议乎！乃欲朕下罪己诏，朕有何罪而当下诏自责乎……"乾隆在上谕中喋喋不休地讲，当年立辉发那拉氏为皇后是按照她在后宫中的地位，不是因为辉发那拉氏年轻漂亮，到辉发那拉氏去世后以皇贵妃的葬礼安葬她也不是因为她人老珠黄，而是因为她自己剪掉了头发。

乾隆所说的只是现象，并不触及辉发那拉氏为何要断发为尼这一最核心的问题，而金从善要求乾隆下"罪己诏"，恰恰是抓住这一核心问题。

至于乾隆一再标榜自己"仁至义尽"，并未削掉辉发那拉氏的皇后名号，实际是不愿引起更大的波澜。按照汉族的观念，废后为"圣德之累"，总是件不体面的事，而且必然要引起朝臣的一番辩论，对皇帝来说也就毫无隐私可言了。

一般来说不是为了要另立一位妃嫔为皇后，任何一个有头脑的皇帝都不会轻易提出废后。一旦废后，乾隆与辉发那拉氏之间的恩恩怨怨、是是非非就很可能给抖搂一个底儿掉。以乾隆的精明他绝不会行此下策，他宁肯让辉发那拉氏保留皇后的名号，对他来说是否收回这个名号并无任何意义，反正他已经不打算再册立皇后了。

乾隆有近 50 个后妃，即使有些陆续去世，平时也有二三十个侍候左右，所以那些不得宠的妃嫔常年难得见乾隆一面。继后辉发那拉氏因为她不甘于认命，她勇敢地向皇帝的淫威进行了挑战，结果落得一个欲出家为尼而不可得、被打入冷宫甚至死后墓穴都受歧视、堪称死无葬身之地的地步。这是一个弱女子的必然命运，在强权之下，即使她选择了死，也没得到应有的尊严。

废后之谜的真相

关于废后之谜，不免会进行种种推测。那么首先推测出的一个结论就是：可能是家暴导致辉发那拉氏断发。

这种推测主要依据的是乾隆的性格。乾隆是一个非常情绪化且有暴力倾向的人，这一点从孝贤纯皇后去世时就可以看得出来。

当时皇长子永璜和皇三子永璋都被乾隆斥责不合体统、不懂礼节，特别是永璜被骂得最惨。

《清史稿·高宗本纪》记载了乾隆斥责永璜，并罚了他的师傅和谙达，并未涉及暴力。但根据当时外国传教士的记录，乾隆对永璜在谴责训斥之外还使用了暴力：

"帝痛愤之极，几类疯狂，曾足踢皇长子扑地而痛击之；又将朝中重臣二人杖毙……"——这是传教士刘松龄给友人的信里提到的，这在清史稿里是看不到的，因为这种严重有失圣德的行为，清朝的史官肯定不敢写。尤其是"几类疯狂"这一句，绝对不是编故事，因为这一句不要说和一个皇帝联系起来，哪怕是用在一个普通人身上也觉得很夸张，这个传教士就算要黑乾隆，可以说他花天酒地、昏庸无能，但绝对不会用"几类疯狂"这种词，所以他暴力的一面应当是被人目睹的。由此看出，乾隆在极端状态下很有可能会不自觉地把自己骨子里的暴戾爆发出来。既然能对皇长子施暴，也就不排除可能对皇后施暴。尽管她贵为国母，对乾隆来说，归根结底也不过是自己的女人而已。

再看看辉发那拉氏的断发行为，在清朝国俗里，只有在皇帝、皇后或皇太后去世时，皇室中人才会依礼截发。那么辉发那拉氏在乾隆活着的时候断发等于是咒他死！如果乾隆只是把她大骂一顿面子扫地，她应该不至于闹到剪发的程度，相信在一般情况下，她没胆量选择最忌讳的断发来发泄愤怒。

但是有一种情况是另当别论的。如果辉发那拉氏遭到了极端恶劣、极端不公平的对待，比如乾隆对她动了手，甚至也使用对待永璂那样的暴力——"足踢皇后扑地而痛击之"，那辉发那拉氏愤而断发就比较符合常理了。在现代社会里，经常会有遭遇家暴的女人把老公给杀了的事情发生；有一些女人会在被老公暴打后，愤怒绝世，但她想的也是先把老公杀了再自杀。请注意，辉发那拉氏断发咒乾隆死的行为，恰好符合了遭遇家暴之后女人的这种心理状态。

乾隆对于辉发那拉氏的断发行为，用了一个说法，叫"迹类疯迷"，这倒是和传教士说他"几类疯狂"颇为对应。这似乎也可以看作是前面说法的一个佐证。你对别人如何，别人就会在情绪上有一个相对称的反应，那么辉发那拉氏的"迹类疯迷"也正好对应了乾隆的"几类疯狂"。

　　接着，我们继续推测，辉发那拉氏为何被废呢？她被废的几个地方特别值得注意，一个是事出突然，上午还和和气气的，可下午就水火不相容地被遣送回京了。而且从所有人震惊的表现来看，乾隆和辉发那拉氏的感情应该一直很好，而且辉发那拉氏应该是没有犯什么明显的大错。如果是像有些书中说的"两人关系日渐疏离"，那么被废的时候大家也不会那么惊讶。还有，从公布的罪状来看，辉发那拉氏唯一的过错就是剪了头发，而辉发那拉氏当皇后十几年如果不是遇到极大刺激是不会做出这么反常的举动。另外，乾隆在处理辉发那拉氏的态度上很值得寻味。历朝历代，皇后被废之后的身份都是直接贬为庶人，要么赐死要么幽禁，但对于辉发那拉氏，乾隆从来没有下过正式废黜她的诏书，死后还按照皇贵妃的礼制下葬，这说明乾隆对她并不是厌恶至极。而我们再看辉发那拉氏被废后的情况，似乎就能明白一二。作为最后的胜利者，魏佳氏成为皇贵妃，统领六宫，但乾隆到她死都没有封她为皇后，这说明了什么？

　　结论就应该是这样的：乾隆应该是比较满意辉发那拉氏的，

两个人是有一定感情基础的，不然也不会刚册立为皇后就带她祭陵、出巡。但野史上解释说，他们感情破裂的原因是南巡时乾隆有了外遇，可这根本经不起推敲。辉发那拉氏如果嫉妒心过强，是绝对不可能正位中宫那么多年。那么是不是担心后位动摇呢？但这也同样不成立，辉发那拉氏作为一个皇后，而且是有两个儿子的皇后，皇宫多几个女人，根本不可能撼动她的地位。

或许，此时的辉发那拉氏最在乎的、最小心翼翼保护着的只有一样东西，那就是儿子的皇储地位。要知道这时辉发那拉氏已是48岁，而乾隆也是55岁了，年龄会让乾隆开始考虑皇储问题。此前有两个皇储对象，一个是孝贤纯皇后的儿子二阿哥永琏，另一个是愉妃的儿子五阿哥永琪，但这两个皇子都早夭了。而此时辉发那拉氏的儿子作为乾隆的嫡子，毫无悬念地成为皇位的合法继承人。

从后来的结果来看，让我不得不做如此推测，也许是令妃魏佳氏引导着乾隆，让他认定皇后的十二阿哥在各个方面都不如令妃的十五阿哥。于是乎，在经过反复思考之后，乾隆决定立十五子颙琰为储君。

此次杭州之行，之前的气氛是十分轻松的，但当辉发那拉氏听到乾隆的决定，作为一个母亲，她的反应肯定是相当激烈的。可她委屈的眼泪改变不了乾隆冷酷的决定，于是气急之下剪去头发，以示抗议。

回京后，乾隆收走了册封辉发那拉氏的四份诏书，但没有正式颁布诏书废黜她，毕竟她没做错什么。只不过是为了国家的将来，乾隆牺牲了她。

而这也就解释了为什么在她死后，被以皇贵妃之礼埋葬。在没有正式颁布诏书废黜辉发那拉皇后名位的情况下，如果再按照皇后的礼制安葬辉发那拉氏，那么皇十二子就还是嫡子，这样颙琰被立为储君的机会就会大大减少。

为了将自己认为最中意的儿子扶上皇位，乾隆牺牲了辉发那拉氏。作为胜利者，魏佳氏只得到了皇贵妃的封号。但对此，乾隆是心存愧疚的，而这也就合理地解释了为什么在辉发那拉氏之后，乾隆再不立皇后以及魏佳氏虽然受重视可以统摄六宫却仍然只能是皇贵妃的名分。

最后，我们在推测之前，有必要看一下《清东陵史话》如何说。

对于辉发那拉皇后遭到如此下场的原因，虽然清廷以及一切官书都讳莫如深，只字不提，然而在民间和野史中却有着种种传说。野史中所说的乾隆休妻指的就是这件事，也最具有代表性。乾隆是一位风流皇帝，宫中的妃嫔玩腻了，便借南巡之机，到处拈花惹草。大臣和地方官员投其所好，从民间搜来大批美女和江南名妓进献给乾隆，乾隆沉醉温柔乡，不理朝政。

辉发那拉皇后深明大义，对乾隆的胡作非为，多次婉言规劝，但乾隆置若罔闻，依旧是我行我素，她决心冒死进谏。一天晚上，她手持谏章，闯进了寝宫，见乾隆正与几个尼姑寻欢作乐。皇后正颜厉色，喝退了尼姑。然后双手高举谏章，口背祖训，跪在乾隆面前。乾隆恼羞成怒，夺过谏章，撕个粉碎，斥责皇后醋意太浓。辉发那拉后见乾隆蛮不讲理，不由得气往上冒，反唇相讥："皇上既然喜欢没有头发的女人，我也把头发剪掉，以博皇上一乐。"说罢就夺过身边侍卫手中的刀，一狠心，把万缕青丝齐齐割断。

乾隆勃然大怒，遂下令废黜辉发那拉氏皇后之位。辉发那拉氏在宫中生活了30多年，整日提心吊胆，早就过够了这种日子，因此被废黜后，她一点也不后悔，反而乐得清闲自在。之后她到杭州某庵里当了尼姑，每天晨钟暮鼓，青灯相伴，以度余生。许多年后，辉发那氏后圆寂，乾隆命人以皇贵妃的规格把她葬了。

辉发那拉氏不仅不像《还珠格格》剧中那么恶毒；相反她还很温柔贤淑。但她也许是古往今来最悲惨的皇后了，不仅按照皇贵妃的礼仪下葬，而且没有自己单独的墓穴，也没有自己的墓碑神位！

正因为这个原因，据说开发清东陵的时候遇到很大的问题：

因为史料记载有这么一个皇后，可是乾隆的裕陵地宫里面却只找到富察皇后一个人。直到后来开发到妃嫔陵，发现多出一具尸骨，才确定是这位可怜的皇后。

乾隆不肯与辉发那拉氏死后同穴，或许就是传说中的"死生不复相见"吧！

这里面还需要讲一下，《百家讲坛》曾说过，乾隆在南巡时想晋令贵妃为皇贵妃，辉发那拉皇后不答应，因为历史上的皇贵妃都是在没有皇后的时候册封的，形同副后，所以辉发那拉氏不高兴，然后就剪了头发。但除国丧外，皇后是不能随便剪头发的，所以乾隆就生气了，把皇后打入了冷宫。到辉发那拉氏死了之后，本应是国丧，乾隆却把她按皇贵妃的礼制给葬了，降国丧为家丧，塞到了另一个皇贵妃的陵寝里。

我个人很倾向于冒死进谏、断发离宫版本的，但清东陵文物研究室主任李寅老师认为这个说法不可靠，具体的论证不再赘述。李寅的解释是，根据史料记载，那一年只有一件大事有可能会导致皇后犯下这样的大错：令妃晋皇贵妃。

乾隆的宠妃令贵妃魏佳氏正是《还珠格格》剧中的令妃，同时她也是嘉庆皇帝颙琰的母亲。据说那一年乾隆想要加封令贵妃为皇贵妃，所以皇后辉发那拉氏才会做出这么极端的行为。因为据说在清朝，有一个不成文的规矩：皇后在世，不立皇贵妃。

史上最有名的皇贵妃莫过于万贵妃，她因为明宪宗姐弟恋的狂热，而成为中国历史上第一个获得"皇贵妃"尊号的女人。到了康熙时代，皇贵妃不仅仅是一个称号，而是仅次于皇后的一个妃子位阶。从史料来看，清朝找不到任何一位皇贵妃是在皇后在世的时候就被晋封的。实际上，有清一朝，要想当皇后，除非是皇帝的第一原配，一般都是先当皇贵妃统摄后宫，历练考察一番才能正式册封皇后。因为皇贵妃对皇后地位的威胁实在太大，不同时存在，是有道理的。

深宫年年不见春

皇后断发事件发生之后，乾隆晋封魏佳氏为皇贵妃，令妃能赢得这一封号，同她的容忍具有直接的关系。即使是皇后也要对皇帝的移情别恋心静如水，因此从入宫的第一天起，她就清楚地知道自己没有选择的权力，除了等待只有等待。果然，她以心平气和的等待赢得了皇贵妃的封号，赢得"摄后宫事"的权力，此时她已经38岁。

而在魏佳氏晋升为皇贵妃的同时，被幽禁的皇后辉发那拉氏含恨离世，皇贵妃魏佳氏成为后宫中名分最高的人。

尽管魏佳氏的办事能力以及待人谦和的态度都令乾隆很满意，

但乾隆却不打算再立皇后。在乾隆看来，当年辉发那拉氏在以皇贵妃的身份摄六宫事时也是相当小心谨慎的，得到皇后的桂冠后竟会闹到断发的地步，谁会担保魏佳氏不会成为第二个辉发那拉氏？他可不想在后宫中再册立一个同自己平起平坐的人。

这倒也并不是全部原因，不立后的另一个原因，就是乾隆在三十八年（1773年）秘密立皇十五子颙琰为皇太子，为了不流露出立储意向，他也只能让颙琰的母亲魏佳氏继续保持皇贵妃的身份。

乾隆本想在公布皇太子的人选、宣布退位的同时，再册封魏佳氏为皇后，不料秘密立储才两年，魏佳氏就一命归天，享年四十九岁。

这就使得以皇贵妃的身份摄六宫事长达11年的魏佳氏，直到去世也未得到本应得到的皇后名分。为了补偿她，在她去世后，乾隆将她的灵柩葬入裕陵地宫。乾隆这样做不会引起臣下对立储的种种猜测，因为在裕陵地宫里已经安葬了三位皇贵妃——慧贤皇贵妃高佳氏、哲悯皇贵妃富察氏、淑嘉皇贵妃金佳氏，其中，金佳氏生的三个儿子都健在。

从乾隆二十年到四十年，在长达20年的时间里，无论是在乾隆心中，还是在后宫中，最有影响的当属魏佳氏。魏佳氏在圆明园"天地一家春"生育了皇十五子颙琰。乾隆六十年（1795年）

九月初三，乾隆宣布颙琰为皇太子并追封魏佳氏为孝仪纯皇后。

魏佳氏同继后辉发那拉氏一样，她们在进入更年期后，身体、心理都发生巨大变化，在这个需要得到关心照顾的时期，却既不能见到丈夫，也无法与长大成人的儿女聚会，每天只能在空荡荡的宫殿里，独自品味着孤寂。

尽管是锦衣玉食，尽管一呼百应，但魏佳氏也同辉发那拉氏一样，在49岁撒手而去，这看似偶然，实际并不偶然。

"一入深宫里，年年不见春"，"一生遂向空房宿"，写出了紫禁城中绝大多数女性精神上的痛苦，不管她们是敏感的还是麻木的。当万物飘零，秋风萧索，残阳西坠，不由得不失落于无限哀伤与怨愁。

斜月倒照，抚枕门半开，夜长漏短好凄凉，总是无人来。望穿秋水，肝肠寸断无消息，三更回首，滴泪折金钗。

深宫怨，深宫叹，残烛倒影，佳人无可伴，樽倾一醉琴断弦。斜月倚栏任长叹，谁来问寒暖，绿肥红瘦，冷辉映婵娟。

那首幽怨伤感的小诗"流水何太急，深宫尽日闲。殷勤谢红叶，好去到人间。"活画出一位深宫中落寞的写诗女子。千百年来，此情谁会得，感动肠断的一联诗。

所以当个性洒脱的顾况在读到"一入深宫里，年年不见春。

聊题一片叶，寄与有情人"后，就在那片叶子上写："愁见莺啼柳絮飞，上阳宫女断肠时。君恩不禁东流水，叶上题诗寄与谁？"把叶片放入上游流水里，让它飘进宫中。十多天后，有人在东苑游春时，又在御沟流出的梧桐叶上见诗一首，便送与顾况，诗云："一叶题诗出禁城，谁人酬和独含情。自嗟不及波中叶，荡漾乘春取次行。"

　　这个浪漫的故事同样出现在宋初孙光宪记述晚唐五代遗事的笔记《北梦琐言·云芳子魂事李茵》里，"红叶题诗"成了进士李茵与宫中女侍书云芳子人鬼相恋的悲剧故事。而宋人王铚《补侍儿小名录》引《通幽记》中记载的则是很理想化的结局：贞元年间进士贾全虚临御沟而坐，忽见一花连数叶流出，叶上有诗一首，笔迹纤丽，言词幽怨"一入深宫里，无由得见春。题诗花叶上，寄与接流人"，全虚不由得悲想其人，涕泗交坠，不能离沟上。结果事情辗转被德宗所知，派人查询，发现诗是翠筠宫奉恩院王才人养女凤儿所写，她自陈："初从母学文选，初学记及慕陈后主孔贵嫔为诗。几日前，临水折花，偶为宫思。今败露死无所逃。"德宗大为感动，把凤儿许给了全虚。

　　南宋末年，王沂孙《绮罗香·红叶》也借红叶寄托一番末世情怀："二月残花，空误小车山路。重认取，流水荒沟，怕犹有、寄情芳语。但凄凉、秋苑斜阳，冷枝留流醉舞。"

我们可以想象，在那样悲风飒飒的秋天、那样颓阳西倾的傍晚，幽囚深宫的才情女子，她的忧愁和感伤无人来会，郁郁至死，空留给后世一段荡气回肠的惋惜和传奇，辉发那拉氏也许就是这样的一个悲催之人。

深宫里少见帝后情深，而如乾隆与孝贤纯皇后，相敬如宾，并且款款深情，则是更为少见。在那深深宫闱之中，最多的其实是红颜苦命与帝王薄幸。如孝贤纯皇后在逝后多年依然于帝王心中，占据一席之地，真是三生有幸。而孝贤纯皇后也最能反衬出继后辉发那拉氏的不幸与苦痛。

作为清朝明君圣主之一的乾隆，他的政绩有目共睹，然而他的家务却是一塌糊涂。这位风流帝王晚年时，越发乱花迷眼，既冷落了后宫无数佳丽，也让乾隆朝的辉煌趋向暗淡；对此，享清福的孝宪圣太后不愿意管，而性格刚烈的继后辉发那拉氏勇敢地站了出来。

早已备受冷遇让她不再留恋外在的美丽，剪断一头青丝也就是意味着斩断了一切红尘牵挂。

可是，直言进谏，只是招来了一场龙颜大怒。

是的，她宁可在烈火中被烧毁，也不愿意永远麻木下去。

继后辉发那拉氏只是一个佐领的女儿，她没有孝贤纯皇后的高贵出身，也没有高佳氏的惊艳美貌，早在宝亲王府，四阿哥弘历最敬嫡福晋富察氏，最宠侧福晋高佳氏，而侧福晋辉发那拉氏只是一个"摆设"，乾隆登基后，她作为府邸的侧福晋自然被封妃，她的封号是娴妃，这是多好的说明，在乾隆眼中，她只是一个温婉娴雅的女子。

辉发那拉氏本来可以作为娴妃，平安而不起眼地度过一生，就像一朵不为人知的小花，悄悄地开放，静静地芬芳，默默地经历着生命的轮回，最后，她肯定也会成为裕东陵众多宝顶下的一缕幽魂。

可是命运没有这样安排，当有一天，孝贤纯皇后突然去世，当紫禁城需要新的女主人，历史将她推向了人前。这在别人眼中完全是一次顶点的辉煌、全面的大胜利，却导致了辉发那拉氏整个的人生悲剧。

虽然乾隆对最不起眼、也不受宠的娴妃，没什么特别好感，但也绝对不反感，可是母亲的提议却让他对这位妃子的看法一落千丈，"君子无罪，怀璧其罪"。乾隆虽然在母亲的坚持下册封了辉发那拉氏，却不打算给她好脸色的；而后宫中那些一心觊觎皇后大位的宠妃们更是将辉发那拉氏视为了眼中钉。以前的一切，温婉谦虚也好，与世无争也好……所有的一切都成为罪过，她们说，原来辉发那拉氏是最有心计的人，她对太后的孝顺也成了夺取皇后大位的阴谋手段之一。辉发那拉氏就这样被推到风口浪尖上。

　　辉发那拉氏成为皇后之后，更加谦恭、更加守礼、更加的小心翼翼，正是凭这些，虽不断有新秀女进宫，但这位继后还是在一段时间内吸引了皇帝，她所诞育的两位皇子和一位公主就非常好地证明了这一点。

　　然而帝王的宠爱并不长久，令贵人魏佳氏（即嘉庆皇帝的生母孝仪纯皇后）和后来的容妃（即传说中的香妃）逐渐遮蔽了辉发那拉氏的光芒。

　　但我个人认为，辉发那拉氏的断发绝对不是争风吃醋恶化而来的后果。要知道，她拥有了后位，也有儿子——这是一个后宫女子最为重要也是最想拥有的资本，应该说，她是很知足的了。她这样做，完全是出于她的人生追求与价值观，她把自己当成一个人，她不能让自己永远做一个帝王的附庸。是的，如果她能像魏佳氏后来做的那样，对乾隆的荒唐行为睁一只眼闭一只眼，她完全可以平安终老。可是一方面，她想到自己作为皇后，有劝谏的责任；另一方面，她那被冷落太久的心灵已经不愿再在后宫这个华丽的坟墓中苟且偷生了！

　　可以说，辉发那拉氏的断发，不是鲁莽更不是示威，试想，没有了恩宠，何来示威的资本？她只是豁出去了，她只是什么也不在乎了。是的，她什么也不怕了，因此她才敢断发！

　　这个曾经美丽过、曾经风光过、也曾经幸福过的女子，如冰雪般消融了，除了她的苦泪留下的痕迹，她消失得无影无踪，没有人还会再记得她曾经的笑靥如花，就连乾隆也忘记了。

"易得无价宝，难得有情郎"，这是女人们千年来不曾改变过的渴望与希冀。

他们其实也曾经举案齐眉，也曾经相亲相爱情话绵绵。可最终的结果呢？叹！可叹！金屋恨，长门怨，千百年来未曾断。幽深帘闺宫墙里，独掩罗巾泪如洗。泪如洗兮君不知，此生再见应无期！

第三卷 香妃：

宝月楼前 芳香袭人

　　香妃可以说是美丽与神秘的代名词了，关于她的各种传说扑朔迷离。自清朝覆亡以后，香妃忽然火了起来，就像一阵旋风，刮遍了大江南北，被编成了故事，写进了小说，登上了舞台，搬进了荧屏。为什么香妃之风久刮不衰？为什么香妃之名越叫越响？其实就在于她是一个扑朔迷离的人物，在她身上有许多难解之谜，引起了世人的关注和兴趣。

　　其实，在乾隆的四十余名后妃中，并没有香妃的封号。香妃这名称本身也是个谜。香妃之名最早出现在清朝末年的一些私人著述中。据迄今为止的考证得知，最早出现香妃之名的当属光绪十八年（1892年）萧雄写的《西疆杂述诗·卷四》"香娘娘庙"，其中有"纷纷女伴谒香娘"一语。他在附录中进一步写道："香娘娘，乾隆年间喀什噶尔人，降生不凡，体有香气，性真笃，因恋母，归没于家。"流传在新疆的传说，对香妃的"香"字进行了不同的解释，一种认为她的教名是希帕尔罕，在维吾尔语里的意思是"香得很"，另一种则认为"由于她保持新疆维吾尔族妇女的生活习惯，头上爱戴沙枣花，身上有一种浓郁的沙枣花香"。

　　而香妃之名的广泛流传是在清王朝灭亡以后。1914年，故宫古物陈列所从沈阳故宫和承德避暑山庄调来一批文物搞展览，其中有一幅年轻女子的戎装像。在该画像下面的说明文字中，明确指出："香妃者，回部王妃也。美姿色，生而体有异香，不假熏沐，国人号之曰香妃。"从此以后，香妃之名大震。

由上述记载我们可以得到两个信息：第一，香妃是维吾尔族；第二，香妃之得名与生来就"体有异香"有关。

美丽久远的传说

从前，在我国新疆地区，有一个维吾尔族首领的妻子，长得非常漂亮，并且身上有一股奇异的香味儿，人们都管她叫香妃。

回部有一位"香姑娘"的事，不胫而走，最后传进了远在北京的乾隆皇帝耳朵里。神乎其神的传说，绘声绘色的描摹，引起了他莫大的兴趣。乾隆是一位风流天子，后宫中美女如云，可"香姑娘"仍然让他心猿意马。无奈，回部与中原远隔千山万水，要将一位异族女子弄进宫来，也非易事。况且，回部近年来与中原多有冲突，关系并不和睦。据可靠情报，回部的上层有再次发动叛乱的种种迹象，如果因为一个女子而给叛乱分子以口实，那岂不让天下臣民耻笑？想到这里，乾隆强按下了对"香姑娘"的向往，专心于自己的朝政。

俗话说"树欲静而风不止"。正当乾隆将精力从"香姑娘"的身上转向朝政时，回部的上层人物终于按捺不住，发动了分裂中央的叛乱。叛军所到之处，杀人放火，无恶不作。战火就是命令。

乾隆二十三年（1758年），朝廷派将军兆惠统率大军入疆平叛。临行之时，乾隆特意为兆惠将军送行，除指示平叛方略外，暗地里还叮嘱他要特别留意"香姑娘"。

霍集占是当时南疆伊斯兰教小和卓木（和卓木即圣裔、伊斯兰教首领之一），他和其兄大和卓木策动了武装叛乱。芳名远播的"香姑娘"，就是霍集王宫中一名得宠的王妃。兆惠将军率军经过一番苦战，将叛军击溃。于是霍集占带着他的王妃"香姑娘"到处躲藏。可是，无论他们躲得怎样隐蔽，总能被清军找到。原来，是"香姑娘"的香气，暴露了他们的行踪。

　　"香姑娘"落入了清军之手。兆惠派人员护送"香姑娘"进京。一路上所过州县都以接待皇妃的礼仪迎送。

当乾隆见到自己日思夜想的人儿之后，兴奋异常，立即宣布她为自己的妃子，于是人们又都称"香姑娘"为香妃。

在乾隆眼里，香妃是天外来客，是异域珍宝。她身上特有的香气，更是人间奇迹。俗话说，百闻不如一见。等到她站在自己的面前时，见惯了天下美色的乾隆，也禁不住怦然心动。她带着天山的秀色，带着异域的风情，亭亭玉立，似天山上盛开的雪莲，又如草原上怒放的野花，端庄高贵而又娇艳无华。从她身上飘来的阵阵香气，如平静海面上的涟漪，细碎而又柔和；又如辽阔草原上的牧歌，昂扬而又悠长。那迷人的香味，扣动着心弦，击打着欲望，摇晃在人们的心田，吸引着人们的眼球。走近之时，便有一种香泽扑入鼻中，令人心醉；仔细端详，只觉得千娇百媚，难以言喻。

等到香妃口称罪臣见驾，愿皇上圣寿无疆之时，那一片娇音，似黄莺百啭，嘤嘤成韵，如乳燕清音，呖呖可听。乾隆双眼一眨不眨地盯着眼前的美人，脑海里却在搜寻着能形容她美丽的词句。乾隆知道，对于美的标准各朝各代都不相同，汉代以瘦为美，唐代以丰满为美，因此有了"燕瘦环肥"的说法。尽管宋玉在《登徒子好色赋》中，勾画出一个理想中的美女形象："增之一分则太长，减之一分则太短；著粉则太白，施朱则太赤，眉如翠羽，肌如白雪，腰如束素，齿若含贝。"可没有一句点到了美人的香味，不免有点缺憾。眼前的美人，又该怎样形容呢？乾隆一时也找不着好词佳句，正自沉吟。

香妃见乾隆好久不语，忍不住抬头看了乾隆一眼，迅疾又低头不语。这无意的秋波一转，更是勾魂摄魄，把乾隆弄得心猿意马。乾隆不由得对她心生怜爱，恨不能朝夕相伴，通宵歌舞。

可是，香妃虽然被迫接受了"妃子"的封号，却死活不肯顺从乾隆的召幸。这位艳如桃李、美若雪莲的王妃对乾隆冷若冰霜，拒之千里。香妃身上暗藏了锋利的刀子，想寻短见。被"选"进北京以后，要不是乾隆叫人看得严，香妃早就自杀身亡了。乾隆眼巴巴地看着这个如花似玉的美人儿，万般无奈，只好先把香妃安置在中南海住下了。香妃本想一死了之，无奈左右监视她的人寸步不离，无隙可乘，所以终日只能以泪洗面。

时间长了，乾隆对香妃的不顺从，感到很是不可理解，也很是恼怒，这可是自打做皇帝以来从未遇到过的难题。习惯于皇帝的威风，他真想严惩她一下，然后用手中的权威达到目的。但是，想到感情上的事，是不能用权威的，只能靠感化，他又压下了火气。他本有怜香惜玉的雅量，更兼欲用自己的魅力去征服一个女人，以显示自己除皇权之外的魅力。所以，乾隆便决定用自己的追求去得到一个女人的情感，因为，只有那样得到的，才有滋味，才有尊严。

为讨香妃的欢心，乾隆下旨，香妃在宫中可以穿着本民族服装。为尊重她的民族风俗习惯，宫内专为她配备了本民族的厨师。为了不让她在后宫有孤独感，乾隆特在西苑建造一座楼，供其居住。还亲自题写楼名，取名"宝月楼"，意在赞美香妃，将她比作月宫中的仙子，人间的嫦娥。楼内，绘有工笔画的回部风光；楼外，隔长安街而建维吾尔族小区，命名为"回子营"。小区内建回教礼拜堂及民舍，让内附的维吾尔族居住，屋舍皆沿袭回风。在楼内等处服侍的宫女、太监装扮都如维吾尔族。香妃站在楼上，可以望见对面的"回子营"。乾隆此举是想让香妃寂寞时遥望瞻礼，以解思乡之情。

没事的时候，乾隆爱去宝月楼。在宝月楼，乾隆听香妃弹琴，看香妃舞蹈。有时，乾隆自己也显显才艺，博香妃一笑，内心则想让香妃心生景仰。乾隆二十五年（1760 年）夏，乾隆又亲临宝月楼。这一次，乾隆诗兴大发，赋诗云：

> 轻舟遮莫岸边维，衣染荷香坐片时。
>
> 叶屿花台云锦错，广寒乍拟是瑶池。

此诗以嫦娥比拟香妃，表现其不俗之容。不知香妃能领略其中意境否？

又有一次，是乾隆二十八年（1763 年）的新年，乾隆再次亲临，赋诗云：

> 冬冰俯北沼，春阁出南城。
>
> 宝月昔时记，韶年今日迎。
>
> 屏文新莆禄，镜影大光明。
>
> 鳞次居回部，安西系远情。
>
> 乾隆自注："楼近倚皇城南墙。墙外西长安街，内属回人衡宇相望，人称'回子营'。新建礼拜寺，正与楼对。"

宝月楼凝结着乾隆对香妃的情感，他希望营造出来的西域风光、西域风情能消磨香妃对家乡的思念，对故人的怀思，从而最终达到让其顺从的目的。

　　乾隆知道香妃爱清洁，每天必沐浴。于是，专为香妃建造了一间土耳其式的浴室。沐浴之时，室内热气腾腾，清香流动。为她服侍的宫女，都惊叹香妃的美丽，深潭似的大眼睛，睫眉晕黛，亮丽夺人，俊俏的鼻子，轮廓好看极了；那时隐时现的粉腮上的两个小酒窝，令人未饮先醉；红唇小巧而饱满；颈白而长，肩圆而正，背厚而平，身上洁白如玉，不痔不疡，无半点黑子创陷之病；乌发编成的无数条细辫，垂披在光亮的肩上、身上，似瀑布飞泻；身材丰满而窈窕。可惜，乾隆还没有机会看到这一切。

　　这一番良苦的用心，香妃会领情吗？来自异乡的香妃，带着西域的剽悍与野性，性格刚烈，誓死不从乾隆。香妃时刻身藏利刃，表示不屈的决心。楼外的马嘶，常让她凄凉；楼外的乡音，也常引她落泪。

　　有一次，香妃从衣袖中拿出明晃晃的小刀，对其随从道："国破家亡，死志久决，然决不肯效儿女徒死，必得一当以报故主。"听者个个大惊失色。

　　这话慢慢便传入了乾隆的耳朵里。乾隆听后，哈哈大笑："朕不相信香妃会忘恩负义到刺杀朕的程度！"乾隆仍对香妃一往情深。他通过各种方式，对香妃进行赏赐，如意、荷包、珍珠、宝石、猫眼石、钻石等女人喜欢的小物件，都在恰当的时候，送到了香

妃的手中。遇有外出巡游的机会，乾隆也让香妃随同前往。泰山
的高峻，孔庙的深沉，围场的壮烈，盛京的繁华，都让香妃有一
种全新的感受。但一想到西域的辽阔，一想到大漠的雄风，香妃
又默默无语，双泪纵横。

　　乾隆对香妃是那样的一往情深，同时对香妃又是别样的宽容，
其他嫔妃是看在眼里，恨在心里，正所谓入宫见妒。她们不明白，
一个再嫁的寡妇，一个异域的女人，有什么值得皇帝那般痴迷。
她们也搞不清楚，那个女人，有什么绝招妙法，让皇帝对她如醉
如痴。她们嫉妒，她们迷惑，她们便挖空心思要除掉香妃而后快。
那些成天吃饱了饭没事做的女人，便不约而同地到乾隆的生母皇
太后面前进谗言，说香妃身上的香味是妖气，她用妖气迷住了皇帝，
如果不加劝阻，将危害龙体圣安。

　　皇太后觉得有道理，便亲自找到乾隆，对他从多方面进行劝诫，
劝其疏远香妃。乾隆笑着说："儿子问过香妃，她身上的香气不是
什么妖气，是因她小时候经常吃一种花，经常洗一种花澡的缘故。"

　　太后好奇地说："问过她吗，是什么花？洗的什么花澡？"

　　乾隆说："据她自己讲，是一种铜杆杆生长银叶子的金花花。至
于洗什么花澡，据儿臣推测，可能就是民间传说的一种美容秘方，
武则天最宠爱的女儿太平公主常用。方法就是每年农历三月初三采

桃花阴干，研为细末，七月初七收鸡血调和，用以涂面擦身。据说能使人洁白如雪，光滑柔润，香气四溢。《神农本草经》就说过，桃花'令人好颜色'。"

太后又说道："哪里有那种花？你拿来给我看看。"

乾隆说道："那种花生在香妃的家乡。"

太后以为乾隆故意骗她，还是心存疑虑。有好几次，太后都想找香妃当面问个究竟，但都让乾隆想着法给挡回去了。

但香妃身怀白刃的事，到底传到了皇太后的耳中。皇太后认为那对皇帝的安全是一种莫大的威胁，决定惩罚香妃。

有一次，乾隆外出了，皇太后让人把香妃找来。

进入后宫后，香妃便觉得气氛有点不对劲。只见太后两边站着挂剑的武士，一个个杀气逼人。再看看皇太后，板着脸，一脸的严肃。

请安过后，太后厉声问道："伊帕尔罕，你可知罪？"

香妃回答道："启禀太后，臣妾何罪？"

太后怒冲冲地说："你把妖气带进宫中，扰乱了朝纲，罪不容诛！"

香妃分辩道："臣妾是人，何来妖气？"

太后冷笑道："你说你是人，那我问你，为何你身上有香气，我们怎么都没有？"香妃见问，一时语塞，那可是她想过无数次而没有想清楚的事情啊！太后见香妃没有回答，又问道："你已经是皇帝的妃子了，为什么不接受皇帝的宠幸？这是身为妃子的态度吗？"

香妃一听这话，心中一惊，知道今天是来者不善，想到自己几年来的辛酸，想到自己已做鬼的前夫，不禁泪下。

"快说！"太后命令道。

香妃见逼，索性把心一横，说道："臣妾是已嫁之人，前夫是你们的罪人，已死在你们的刀下。臣妾不想让皇上的圣体受污，所以不能奉召！"

太后冷笑道："分明是狡辩，自古以来，再嫁帝王之人还少吗？哪一个像你一样，三番五次地推托，分明是蔑视天朝！"

香妃笑着说："我被你们抢来就没打算活着！"

太后越发恼怒，呵斥说："听说你还身藏利刃，是不是还想谋刺皇上，为前夫报仇？这样无夫无君之人，留着还有何用！？来人，将这位反贼带下去，让她去见她的前夫吧！"

于是皇太后就"赐白"，命人把香妃给绞死。可怜的香妃即刻便香消玉殒了。

等到乾隆得到太后召见香妃的消息赶到后宫之时，一切都已不可挽回了。乾隆悲伤不已，最后决定以妃礼将香妃棺椁送往故乡安葬。香妃信仰伊斯兰教，所以在她的棺木上特地刻上《古兰经》

的经文。以前所有赏赐一并予以陪葬，另有大量赏赐。

于是，大漠之中，有了一座香妃墓。

香妃墓的争议

现在被认为是香妃葬地的，起码有三处，即新疆的喀什、北京陶然亭北和遵化清东陵。

新疆的香妃墓位于喀什市东北郊区的浩罕村，是香妃的外祖父阿帕·霍加为自己的父亲阿吉·穆罕默德·优素福·霍加修建的，始建于明崇祯十三年（1640年）。后来阿帕·霍加及其后人也陆续葬在了这座墓葬群内，成为一座家族墓葬群。300多年来，经过不断地修缮、扩建才形成了今天的规模，共葬阿帕·霍加五代72人，现有墓堆58个。以前此墓称"海孜来特麻扎尔"，译为"尊者之墓"。也有人称为"阿帕克和卓扎尔"，简称为和卓墓，直到现在还有人这样称呼。此墓群最初并无"香妃墓"之称，后来才传说香妃也葬在里边，但连守墓人也不知哪座墓堆是香妃的。再到后来，不仅"香妃墓"叫得越来越多，越来越响亮，而且还明确了哪座墓堆是香妃的。

香妃墓作为伊斯兰教圣裔的陵墓，是一座典型的伊斯兰古建筑群，占地两公顷，如今是新疆维吾尔族自治区的重点文物保护单位。

陵墓始建于1640年，据说墓内葬有同一家族的五代72人（实际只见大小58个墓穴）。第一代是伊斯兰著名传教士玉素甫霍加，他死后，其长子阿帕克霍加继承了父亲的传教事业，成了明末清初喀什伊斯兰教"依禅派"著名大师，并一度夺得了叶尔羌王朝的政权。阿帕克霍死于1693年，亦葬于此，由于其名望超过了他的父亲，所以后来人们便把这座陵墓称为"阿帕克霍加墓"。

传说，埋葬在这里的霍加后裔中，有一个叫伊帕尔罕的女子，是乾隆皇帝的爱妃，由于她身上常有一股沙枣花香，人们便称她为香妃。香妃死后由其嫂苏德香将其尸体护送回喀什，并葬于阿帕霍加墓内，因而人们又将这座陵墓称作香妃墓。

传说在1788年香妃病逝后，年届80岁的乾隆悲痛万分，老泪纵横，也曾生出将香妃的遗体送回喀什安葬的念头，但有悖于大清祖传皇规。按规定，满清的后妃只能葬于皇家的东陵后妃园寝中，绝不准移送原籍。乾隆陷入"两难"，在惆怅百结之中，忽地茅塞顿开，香妃，何不在名字上作作文章？一个万全之策应运而生。

他命令雕工匠仿照香妃生前的体型相貌加工了一个与真香妃一模一样的"香妃"，全身裹以白布，只留出面部以便香妃家人现瞻吊唁。这居然蒙过了一大家族人。此时被册封为辅国公的香妃的哥哥图尔迪亦已去世，乾隆便传旨将其兄妹俩一真一假的遗体同时迁葬喀什，由香妃的家人护送灵柩回新疆。

　　一百多号人的抬尸队伍，历经半年的艰难跋涉终于到达目的地。香妃的亲人们查看了"香妃"和她哥哥的遗体面容，确认无误后即刻下葬入穴。其实香妃的遗体早已隐秘地葬在了清东陵，而那个檀香木雕制的假香妃，却登堂入室地埋进了祖先阿帕霍加的墓之内，由此人们只记住了香妃和香妃墓，而对于墓地的真正主人却疏于谈论。

　　阿帕克霍加墓整个陵园是一组构筑得十分精美宏伟的古建筑群，四角各立一座半嵌在墙内的巨大砖砌圆柱，柱顶各建一座精致的圆筒形"邦克楼"，楼顶各有一根铁柱群，由门楼、大小礼拜寺、教经堂和主墓室五部分组成。主体陵墓是一座长方形拱顶的高大建筑，高26米，底长35米，进深，高擎着一弯新月。主墓室顶呈圆形，其圆拱直径达17米，无任何梁柱。主墓室外墙和层顶全部用绿色琉璃砖贴面，并夹杂一些绘有各色图案和花纹的黄色或蓝色瓷砖，显得格外富丽堂皇、庄严肃穆。陵墓厅堂高大宽敞，平台上排列着坟丘，坟丘用白底兰花琉璃砖砌成，晶莹素洁。大礼拜寺在陵园的西半部，名"艾依提甲衣"，节日期间供教徒们做礼拜用。小礼拜寺和门楼是一组最外面的建筑物，彩绘和砖雕图案极为精美。寺外有一池清水，林木参天，清幽宜人。

　　香妃的坟丘设在平台的东北角，坟丘前用维文、汉文写着她

的名字。墓丘都用蓝色琉璃砖包砌，上面再覆盖各种图案的花布，
既表示对死者的尊敬，又有保护墓丘的作用。陵墓左边，建有大
小两座精致的伊斯兰教礼拜寺。陵墓后面，还有一大片坟墓，景
色十分壮观。

阿帕霍加墓经历了三百多年的风雨洗礼，以其坚韧不屈的精
神固守着其古朴的建筑风格。来此地的游客有慕名香妃之谜，也
有为朝拜而来的，更多的是为目睹阿帕霍加墓高超的建筑技术和
艺术风格而来。

至于北京陶然亭北丛芦乱苇中的土堆，当地老人称之为"香
冢"，有人说是香妃的坟。此冢旁立有一碑，上面镌刻着："浩浩愁，
茫茫劫。短歌终，明月缺。郁郁佳城，中有碧血。碧亦有时尽，血
亦有时灭。一缕香魂无断绝，是耶非耶？化为蝴蝶。"从碑文来看，
葬于此处之人确为一女子，生前似乎发生过曲折离奇的情感故事，
但其中未提香妃一个字，而且，大清皇妃死后岂能葬在荒草堆中？
故此说不可信。

遵化境内的清东陵是清王朝在关内开辟的、规模宏大的皇家
陵园，乾隆的裕陵就建在那里，其妃园寝建在裕陵旁边。这座妃
园寝始建于乾隆十二年（1747 年），位于裕陵西，坐北朝南。其

建筑布局及规制为：园寝最前面有一道马槽沟，正中建一孔拱桥一座，东侧建三孔平桥一座。往北是东西厢房各5间，单檐硬山顶。东西值班房各3间，单檐卷棚顶。宫门一座，面阔3间，单檐歇山顶。前院内东侧燎炉一座。东西配殿各5间，单檐歇山顶。院内正中享殿一座，面阔5间，单檐歇山顶。享殿两侧各建园寝门一座。后院前部正中建方城、明楼。方城后为宝城、宝顶。在宝城两侧各建小宝顶一座。在宝城后有4排宝顶，计32座。整个园寝共建大小宝顶35座，葬人36位。其中香妃的宝顶建在大宝顶后第一排东端第一位。整座园寝除厢房和值班房为布筒瓦外，其他建筑及墙顶均覆以绿色琉璃瓦。这座园寝规制之高，建筑之完备，在清代妃园寝中仅次于景陵皇贵妃园寝，位居第二。其葬人之多，在清代妃园寝中也数第二。这里所说的香妃即乾隆的容妃，容妃是乾陵皇帝40多个后妃中唯一的维吾尔族女子因而被认定为香妃的原型。《大清会典》及《昌瑞山万年统志》《陵寝易知》等书不仅有明确的文字记载，而且还绘有葬位图。清宫档案中也保留有关于容妃遗物、送葬人员等方面的资料。1979年10月，清东陵文物保管所对容妃地宫进行了清理，不仅找到了遗骨，而且还出土了许多有价值的文物，发现了一些文字。

　　这座容妃墓是1979年10月被发掘的，地宫由两个券堂组成，均为拱券石结构。在金券的宝床上，停放着一红漆棺木，棺帮被盗墓人砍开一个大洞，棺中已空，棺头正中有数行回文文字，意为"以真主名义……"棺木西侧有一头骨，西北角又有一根85厘米长的花白发辫、青缎衬帽、包头青纱等，还有一些龙袍残片和几件织物，织物上织有"江南织造臣成善""苏州织造臣四德"等字样，墓中还存有如意、荷包、珍珠、宝石、猫眼石、钻石等。棺头文字表明墓主为伊斯兰教信徒，龙袍和猫眼石等证明其身份为妃子，由花白发辫推断死者为五十五岁左右，织物上"四德""成善"皆为乾隆五十三年的织造官。

　　香妃（容妃）是有椁无棺的，这不能不说是个谜。清朝棺制，无论是皇帝、皇后，还是妃嫔，其棺木皆为内外两重，内为棺，外为椁。其区别只是木质、尺寸、颜色、纹饰、漆饰遍数的差别。有关人员清理香妃地宫时，竟发现香妃的棺木只有外椁，而无内棺。会不会是盗墓贼将内棺盗走了？在已清理的所有地宫中，还没有发现内棺被盗的先例。盗墓贼一般只盗随葬珍宝。内棺是木质，其价值远不如随葬珍宝高。为什么不用内棺？这可能与香妃信奉伊斯兰教有关。我国的回族和维吾尔族都信奉伊斯兰教，这两个民族的人去世了都不用棺，而是将遗体裹上白布，直接放置到墓穴内。乾隆为了民族的团结，一向尊重香妃的生活习俗和宗教信仰。也有可能香妃在临终前向皇帝提出了这方面的要求，于是乾隆采取了一个折中的办法，表面上仍按照大清皇家的传统形式使用外椁，但不用内棺，既维护了皇家的脸面和尊严，又尊重了香妃的民族习惯和宗教信仰，满足了爱妃的要求，可谓两全其美。以上只是笔者个人的看法。到底香妃为什么只用椁，不用棺，有待专家学者们进一步研究考证，也有待于文字档案的证实。

　　关于香妃的死亡，有两种说法。一种是被皇太后赐死，另一种是自然病死。前一种说法最具代表性的就是1914年古物陈列所在展出的所谓香妃戎装像下写的文字说明。

　　"香妃者，回部王妃也，美姿色，生而体有异香，不假熏沐，国人号之曰香妃。或有称其美于中土者，清高宗闻之。两师之役，嘱将军兆惠一穷其异。回疆既平，兆惠果生得香妃，致之京师。帝命于西内建宝月楼（即今之新华门）居之。楼外建回营，毳幕韦鞲，具如西域式武英殿浴德堂浴室穹隆顶，又武英殿西之浴德堂，仿土耳其式建筑，相传亦为香妃沐浴之所。盖帝欲藉种种以取悦其意，而稍杀其思乡之念也。讵妃虽被殊眷，终不释然，尝出白刃袖中，示人曰：'国破家亡，死志久决，然决不肯效儿女汶汶徒死，必得一当以报故主。'闻者大惊。但帝虽知其不可辱而卒不忍舍也。如是者数年。皇太后微有所闻，屡戒帝弗往，不听。会帝宿斋宫，急召妃入，赐缢死……"

　　皇太后即乾隆的生母孝圣宪皇后，死于乾隆四十二年（1777年）。容妃死于乾隆五十三年（1788年），比皇太后晚死11年，所以不可能是被皇太后赐死的。

史籍与档案中，也未见容妃有体散异香的记载，更无被皇太后赐死的结局。

容妃揭开谜底

事实上，有关香妃事迹仅为传说而已，史上根本不存在香妃其人。乾隆先后有嫔妃四十多人，只有容妃和卓氏来自叶尔羌（今新疆莎车）回部。

有学者认为，香妃就是容妃。历史文献与考古发掘都有关于容妃的史实，伴随着清军对新疆的开拓，回部的和卓氏出现在京城的皇宫。关于这个问题，史学界曾经有过争论，现在基本上达成了共识。那么做这种判断的理由是什么呢？

其一，乾隆只有一个来自新疆的妃子。容妃，无论是官书、档案记载，还是实物考证，都证明容妃是来自新疆的妃子。既然香妃也是乾隆的新疆妃子，那么香妃只能是容妃。

其二，她们"二人"都来自新疆，都是维吾尔族，都信奉伊斯兰教，最后的封号都是妃。就是说家乡、民族、宗教信仰、封号是一样的，如果是两个人，不会如此巧合。

其三，她们"二人"的父亲、哥哥、五叔、六叔是相同的。

新疆喀什香妃墓的资料中，提到香妃的父亲是艾力和卓，哥哥是哈山和卓即图地公（汉名），并说图地公曾"和妹妹香妃一起去北京"。从《西域同文志·卷十一》和《西域图志·卷四十八》记载的"和卓"世系中可知，艾力和卓即阿里和卓。这两个名词在维吾尔语中是一个词，只是汉字译写的差异。中国第一历史档案馆藏的《容妃遗物折》中提到了部分容妃娘家人的姓名，其中有额思音、帕尔萨、图尔都妻等。额思音就是香妃的五叔，帕尔萨就是香妃的六叔，图尔都妻就是香妃的嫂子。既然香妃和容妃的家属都是一样的，那么两个人自然就是一个人了。关于容妃的家世，孟森先生认为："自必出于和卓之家，但若为旧和卓之女，则与大小和卓为兄妹；若为大小和卓之女，则亦不能定其究为大和卓之女，抑小和卓之女。"至于和卓氏入宫的时间，在清代的官修史书中并未记载，孟森先生认为当在大小和卓发动叛乱之前。"盖两和卓由准得释时，以乞恩于中朝而进其女，非叛后以俘虏入朝也。妃以回部女子至中朝，为自古不通之域，高宗不以置之后宫，特营西苑中一楼，以为藏娇之所。"

史上真实的香妃

　　那么，历史上的容妃即香妃到底是怎样的一个人？乾隆为什么要纳一个维吾尔族女子为妃？她一生的经历又如何？

　　在乾隆的四十多名妃子中，有一名回妃，本不奇怪，可是在她死后的一百多年内，却引起了一批骚人墨客的兴趣。他们在容妃身上大做文章，甚至编造出一个香妃的故事。从野史、诗词到舞台，绘声绘影大肆渲染，竟达到了真假难辨的程度。诗词、戏曲中的人物是可以编造的，但发展到排除史实、以假乱真的程度，就有问题了。以下，我们按照历史记载，看看她的真实生平。

　　《清史稿·后妃传》记载："容妃，和卓氏，回部台吉和札赉女。初入宫，号贵人。累进为妃。"

　　容妃，维吾尔族人，阿里和卓之女，生于雍正十二年（1734年）九月十五日。到乾隆二十五年（1760年）二月初四被封为贵人时，已经26岁。清高宗时为和贵人、容嫔、容妃。乾隆五十三年（1788年）年四月十九日卒，享年55岁，九月二十五日，入葬清东陵之裕陵妃园寝。

　　她的祖上是新疆秉持回教始祖派噶木巴尔的后裔，其家族为和卓，故被称为和卓氏，也称霍卓氏。其父阿里和卓为第二十九世回部台吉（贵族首领），哥哥叫图尔都，家族世代居住在新疆的叶尔羌。

　　乾隆二十年（1755年）五月，清政府派兵平定了新疆阿睦尔撒纳的叛乱，解救了墨特的两个儿子波罗尼都和霍集占（大小和卓）。可是这两个人不但不感恩戴德，反而以怨报德，聚众叛乱，反对朝廷，分裂祖国。容妃一家反对叛乱，拥护朝廷，不顺从大小和卓，被迫离乡背井，全家从天山以南的叶尔羌迁移到天山北侧的伊犁居住。乾隆二十二年（1757 年），清政府再次派兵平叛。乾隆二十四年（1759 年）秋，大小和卓的叛乱被平定。乾隆二十五年（1760 年），图尔都等五户助战有功的和卓应召陆续来京，图尔都的妹妹也被选入宫，封为和贵人。

但《"香妃"史料的新发现》一文的作者肖之兴却认为，和卓氏进宫在清军平定大小和卓叛乱之后，而于善普从故宫档案中摘取的资料则证明："乾隆二十五年二月初四日新封和贵人"，而且还赏赐和贵人朝珠、金项圈、金手镯、东珠、正珠、红宝石、蓝宝石、红宝石坠角、蓝宝石坠角、万寿如意簪、花簪、葫芦簪、莲花簪、龙面簪、东珠耳坠。

在纪大椿的《喀什"香妃墓"辨误》及肖之兴的《"香妃"史料的新发现》两篇文章里都认为容妃的家族是和卓家族的另一支，大小和卓"是十七世纪白山派首领阿帕克和卓的后裔"，容妃的父兄却是"阿帕克和卓的弟弟喀喇码特和卓的后裔"。这两位作者一致认为喀喇码特的儿子是墨敏，容妃是墨敏的孙女。

在墨敏一支中有爵位的共四人，他们分别是玛木特（墨敏长子木萨之子）、图尔格（墨敏三子阿里之子）、额色尹（墨敏第五子）、帕尔萨（墨敏第六子），问题的关键是容妃的父亲究竟是墨敏的哪一个儿子。一种说法认为容妃是墨敏第三子阿里之女，一种说法认为是墨敏第六子帕尔萨之女。

关于容妃父系的说法尽管不一，但有一点是可以肯定的：墨敏的子孙都反对大小和卓所发动的叛乱。至于在大小和卓发动叛乱后容妃家族究竟迁往何处、以何种方式参与平定大小和卓所发动的叛乱说法也是不一。

《喀什"香妃墓"辨误》及《"香妃"史料的新发现》两篇文章都认为容妃的亲属迁居到布鲁特人地区（即柯尔克孜族），当清军援助被围困在叶尔羌附近黑水营的兆惠部时，图尔格、额色尹等联络布鲁特人"攻喀什噶尔，分贼势"。

参加平定大小和卓叛乱的参赞大臣舒赫德在奏报中也提到这一点："将军兆惠带领大兵抵达叶尔奇木（即叶尔羌）地方时，哈什哈尔（即喀什噶尔）一闻此信，大和卓木（即大和卓）带马兵三千，步兵二千往救叶尔奇木（即叶尔羌）。小和卓木（即小和卓）带马兵四千，步兵六千，会同大和卓前来打仗，将我兵遮围三十余日。因闻哈什哈尔所属英阿萨尔（今新疆英吉沙县）城市突被布鲁特抢掠，两和卓木俱仓促出营商谋堵御布鲁特之计。是日晚间将军（指兆惠）带兵夺取和卓木等所筑围地方……两和卓木议称：看此情形，将军必与布鲁特约定，我等难以兵力相取，不如与将军议和，或可少息三四年。"

大小和卓所说的"将军必与布鲁特约定"，其实就是图尔格、额色尹等联络布鲁特人解清军黑水营之围的策应。"大和卓木因哈什哈尔现在告急，只留兵二百名，其余兵丁全行撤回。"为兆惠从黑水营突围、进而摧毁大小和卓提供了有力的援助。

而于善普的《关于香妃传说的辨伪》《香妃像、香妃墓、香妃其人》中一再重申容妃的哥哥因反对大小和卓起兵反清把全家也迁到伊犁，到乾隆二十三年（1758年），闻知清军征讨霍集占（小和卓）已进抵叶尔羌，容妃的五叔额色尹偕同图尔都及其堂兄玛木特，配合清军作战，平息了这次叛乱。

配合清军平叛有功的图尔都等五户和卓，及霍集斯等三户在平乱中立功的南疆维吾尔族上层人士应召陆续来到北京，封官晋爵，宴请赏赐。乾隆二十四年（1759年）九月，和卓氏及其亲属随同凯旋的兆惠一同前往北京，翌年二月抵达京城。乾隆令他们在京居住，并派使者接他们的家眷来京，封图尔都等为一等台吉。

和卓氏的亲属被安排在西安门外及东四北六条"现有官房二十二间"。他们的居住区也称作"回子营"，所谓回子营实际是隶属正白旗的回子佐领。

和卓氏也来到了北京。为了感谢皇帝的恩德，表示对朝廷的忠心，额色尹和图尔都决定将美丽聪明的和卓氏送进皇宫，服侍皇上。

　　乾隆二十五年（1760年）二月初四日，图尔都26岁的妹妹被封为和贵人，这就是香妃。显然，这是乾隆皇帝统一新疆后，实行"因俗而制"的政治需要，即政治联姻。从赏给她的大量衣物和银两，以及她一进宫就被封为贵人，没有经过常在和答应两级，表明了皇帝对这件事的重视，也表明了皇帝对这位来自新疆维吾尔族女子的喜爱。这年的四月八日，乾隆将宫中女子巴朗赐给图尔都为妻。

　　贵人在清朝后妃的八个等级中，属于第六个等级，其前有皇后、皇贵妃、贵妃、妃、嫔，其后有常在和答应。由于和贵人入宫时带来了祥瑞（从南方移栽到宫内的荔枝树，竟结出了200多颗荔枝），很得皇上的青睐，也很受皇太后的喜爱。因此在和贵人入宫后的第三年，即乾隆二十七年（1762年）五月十六日，皇太后降旨，册封和贵人为容嫔。她的哥哥即原封为一等台吉的图尔都，也因追论进攻喀什噶尔有功而同时晋爵，封为辅国公。乾隆三十年（1765年）春天，高宗第四次南巡，携皇太后、皇后、庆妃、容嫔、图尔都以及大学士傅恒等王公贵戚1000余人同行。一路上，乾隆对容嫔格外恩赏，前后赐给她八十多种口味适宜的饭菜，其中就有名贵的奶酥油野鸭子、酒炖羊肉、羊池士等。

容妃的清宫生活

　　和卓氏入宫后的实际生活究竟怎样？一个在西域长大成人的女子在短短的几年能否流利地说一口汉话、能否准确无误地按照宫里的礼节行事？

　　毋庸讳言，虽然乾隆同比自己小24岁的和卓氏的结合充满了政治色彩，但由于乾隆能熟练地使用维吾尔语、蒙语等语言，使得他与和卓氏之间可以无障碍地进行交谈，也使他们的感情快速升温。为了照顾和卓氏的饮食习惯，乾隆还给她配备了厨子，专门做"手抓饭""滴非雅则"（以洋葱为主的菜），还经常把牛羊肉、鸡、鸭、羊肚等菜肴以及回子饽饽、自来红赏给她。

　　和卓氏的生活习惯和宗教信仰受到了乾隆的尊重和特殊的关照，她在圆明园居住时，曾在园中的方外观做礼拜，乾隆特意为她在方外观大理石墙上镌刻了《古兰经》文。为了照顾跟随和卓氏入京亲属的宗教信仰，乾隆特地在北京他们居住的地区营建了一座华美的清真寺，对这位来自西域的妃嫔及其亲属的生活习俗和宗教信仰乾隆都予以充分的尊重。

　　和卓氏入宫两年来，"秉心克慎，奉职惟勤"，全宫上下对她的印象都很好。乾隆二十六年（1761年）十二月三十日，乾隆奉皇太后懿旨，晋封和贵人为容嫔。五月二十一日举行了容嫔的册封礼。第二年图尔都晋封为辅国公。

和卓氏的俊俏和异域情调极受乾隆皇帝的垂爱，乾隆三十年（1765年）正月，皇帝第四次南巡，容嫔和她的哥哥图尔都随驾同行。皇帝的妃嫔很多，而外出陪驾的妃嫔只有几位。容嫔能够随驾，表明了她在皇帝心目中的地位。一路上，容嫔兄妹第一次饱览了祖国内地的壮美山河，大开了眼界。乾隆三十三年（1768年）六月，皇太后懿旨将她由容嫔晋为容妃，并由赏给处为她准备满洲朝服、吉服、项圈、耳坠、数珠等等。同年十月，受命为正、副使的大学士尹继善、内阁学士迈拉逊，持节册封容嫔为容妃，册文曰："尔容嫔和卓氏，端谨持躬，柔嘉表则，秉小心而有恪，久勤服事于慈闱，供内职以无违，凤协箴规于女史，兹奉皇太后慈谕，册封尔为容妃……"这一年，容妃35岁。乾隆三十六年（1771年），容妃随皇帝东巡，拜谒了孔庙，登上了东岳泰山。乾隆四十三年（1778年），容妃又随皇帝拜谒了盛京，在这次随行的6位妃嫔中，容妃已居第二位。

乾隆三十一年（1766年），辉发那拉皇后亡故，乾隆声称不再立后；乾隆三十年（1765年）庆恭皇贵妃病死，乾隆四十年（1775年）令懿皇贵妃又病死，此后，不再封贵妃和皇贵妃。因此，后宫中地位最高的就是妃位。到这个时候，容妃在乾隆的众多后妃中已处于举足轻重的地位。当时宫中有六位妃，容妃就是其中一位。

乾隆四十三年（1778年）七月以后，容妃升到第三位，排在愉妃、颖妃之后。

乾隆四十六年（1781年）正月十五日，乾隆在圆明园奉三无私殿设宴会餐，容妃已入主了西边头桌的首位，到同年十二月乾清宫大宴，容妃又升格到了东边坐桌的第二位。这时，容妃已48岁，到达了地位与殊荣的顶峰。

乾隆五十年（1785年）以后，可能是身体欠佳，容妃很少露面，乾隆往往单独赏给她物品。通过查阅清宫档案《赏赐底簿》得知，乾隆五十三年（1788年）四月十四日，乾隆赏给了容妃十个春橘。这是迄今所查到的最后一次赏赐。5天以后，容妃在圆明园溘然长逝，终年55岁。

宝月楼里有谜踪

乾隆御制诗中，有关宝月楼的诗很多。乾隆二十五年（1760年）夏月，诗云："轻舟遮莫岸边维，衣染荷香坐片时。叶屿花台云锦错，广寒乍拟是瑶池。"此以嫦娥比拟容妃。

许多专家学者都认为宝月楼是乾隆为了取悦容妃盖的。清朝在乾隆以前，没有回教妃嫔的先例。容妃以回部女子至清朝，乾隆不把她安置在后宫，特营建西苑宝月楼，作为金屋藏娇之所。

楼南隔街建"回子营"，修礼拜寺。

清史大师孟森先生也持这一观点，他说："高宗不以置之后宫，特营西苑中一楼，以为藏娇之所。后并于所居之地，筑回教礼拜堂，并使内附之回民居其旁，屋舍皆用回风，以悦妃意，其承宠可想。"

据孟森先生考证，乾隆因香妃（即容妃和卓氏）"言语不通，嗜欲不同，乃不与诸妃聚居，特隔于南海最南之地。其地又临外朝之外垣，得以营回风之教堂及民舍，与妃居望衡对宇……"乾隆把和卓氏安置在建成不久的宝月楼（即今新华门）。

当时，八旗以外的所有百姓都住外城，唯独回子营近在咫尺，依靠九重，这是乾隆爱屋及乌。有学者认为乾隆为容妃修建宝月楼的原因有四个。

第一，语言文化不同。容妃讲维吾尔语，不便与诸妃嫔住在一起交流，特隔于南海最南之地，其地又距外朝之外垣。这里同皇宫既联系又分割，环境幽雅，湖水涟漪。乾隆会维吾尔语，可以同容妃直接交谈。

第二，饮食习惯不同。正宫坤宁宫兼作萨满祭祀的场所。坤宁宫每日进猪两口，在神案上宰猪，在大锅里煮猪肉，祭祀敬神。元旦祀神，皇帝、皇后行礼；春、秋两大祭，皇后亦到，妃嫔自当侍从。而最尴尬的，则为后妃受胙（zuò），胙是祭祀用的猪肉，这是回教所万万不能忍受之事。将容妃单独安置在另一个生活区域，生活上很是方便。

第三，生活风俗不同。维吾尔族的衣服、装饰，同皇宫的后妃、宫女都不同。皇宫除御花园外，别无游观之处。乾隆筑宝月楼于瀛台之南，则随时可以驾幸西苑，而不必如临圆明园，路途既远，又烦出驾。容妃在这里则可免去其他妃嫔争宠之扰。

第四，宗教信仰不同。满族的宗教是萨满教，乾隆又崇奉喇嘛教。维吾尔族信奉伊斯兰教，要做礼拜。容妃所居之地，隔长安街而对回子营，建回教礼拜堂及民舍，并使内附之回民居住，屋舍皆沿袭回风。容妃站在楼上，可以望见对面的"回子营"，遥望瞻礼，以解思念之情。

乾隆《宝月楼记》："宝月楼者，介于瀛台南岸适中，北对迎薰亭，亭台皆胜园遗址，岁时修葺增减，无大营造。顾掖池南岸，逼近皇城，长以二百丈计，阔以四丈计，地既狭，前朝未置宫室，每临台南望，嫌其直长鲜屏蔽，则命奉宸，既景既珥，约之椓椓。鸠土戊寅之春，落成是岁之秋。楼之义无穷，而独名之曰宝月者，池与月适当其前，抑亦有乎广寒之亭也。"

乾隆二十七年作的一首诗：

淑气渐和凝，高楼拾级登。

北杓已东转，西宇向南凭。

乾隆自注：楼临长安街，街南俾移来西域回部居之，室宇即其制。

乾隆在二十八年就以宝月楼为题写了以下诗句：

冬冰俯北沼，春阁出南城。

宝月昔时记，韶年今日迎。

屏文新荙禄，镜影大光明。

鳞次居回部，安西系远情。

此后乾隆经常以宝月楼为题写诗。

宝月楼现名叫新华门，为中南海的正门。原来此楼不临街，南面有一道墙相隔。民国初年，袁世凯将中南海辟为总统府，把宝月楼更名为新华门，将南墙拆掉，露出宝月楼。从此以后，宝月楼就成了中南海的南门。

也有部分专家学者认为宝月楼之建与容妃无关。有史料证明，乾隆下令在西苑建宝月楼的目的不是为容妃，从时间来看，宝月楼建在容妃进京之前，当时乾隆怎么知道和卓氏进京并能为己所爱？除此之外他们的依据还有两条：

第一个依据是乾隆在《宝月楼记》中说："顾液池南岸逼近皇城，长以二百丈计，阔以四丈计，地既狭，前朝未置宫室，每临台南望，嫌其直长鲜屏蔽，则命奉宸，既景既相，约之橢橢。鸠工戊寅之春，落成是岁之秋。"乾隆讲得很清楚，所以建宝月楼是因为中南海南墙"直长鲜屏蔽"。建宝月楼可起到屏障作用。戊寅年是乾隆二十三年（1758年），宝月楼于这一年春天动工兴建，当年秋天完工。

第二个依据是《御制题宝月楼诗》中有"南岸嫌长因构楼，楼临直北望瀛洲"的诗句。在诗注中乾隆进一步讲了建宝月楼的用意："瀛台皆前明所建，惟南岸向无殿宇，故为楼以配之。"由此可知，建宝月楼完全是出于遮挡、配景的需要。乾隆二十三年（1758年）建宝月楼时，新疆大小和卓的叛乱正在嚣张之时，清军正全力以赴平叛，胜败难卜。而容妃是乾隆二十五年（1760年）入宫的，所以也就不会为了取悦容妃而建宝月楼。

还有一种传说，皇宫内的浴德堂曾是和卓氏容妃的沐浴场所。

浴德堂在武英殿的后面，西侧有一座井亭，井口的北侧有一个水槽，水槽的北面同架起来的石板砌成的水渠相连，水渠长数米，从浴德堂后面的墙壁穿进。在浴德堂后面的墙壁上还有一个低矮的方洞，据故宫的朋友讲可能是为水加温之处。按照伊斯兰教的习俗，诵经前都需要沐浴，而且沐浴的水应是流动的，从石渠流入的水当然属于活水，浴德堂的确符合穆斯林的标准。

但如果容妃住在南海的宝月楼，每天都要到宫内的浴德堂来沐浴也不现实。更何况武英殿在康熙年间已经成为修书处，系外臣经常出入之地，再把毗邻武英殿的浴德堂作为后妃的沐浴之处也的确不合适，诚如孟森先生所指出的：即使是"昏秽淫乱之君"

也不会"以爱宠就浴于朝堂之侧"。另从提水的井绳在井口所留
下的十几个二三厘米的深沟来看，以容妃在宫内的 28 年也很难留
下如此多、如此深的沟痕。

对浴德堂西侧的水井还有一种说法，有学者认为该处水井主
要用于殿本书籍造纸，但一些关于版本鉴定的书籍明确指出武英
殿修书处所用的纸张是宣纸，并非由武英殿修书处自造。

第四卷 慈禧：

那一生温凉无人可知

慈禧给后人留下的是狠毒奢靡的印象，而少女时期的她也曾活泼开朗，像明媚的阳光。是深宫的险恶，让她步步为营，小心应付各种毒计和血腥，这个时候她才明白只有掌握权力，才可以稳坐不衰，残酷的现实令她变成那个我们憎恶的、恐怖的慈禧。

在近代中国，慈禧是被多重妖魔化的政治人物：康有为、梁启超1898年维新变法的失败后，她被描绘为弄权的皇太后，一个只知道欺负可怜养子的恶老太婆；孙中山、章炳麟高举革命大义，在排满中，将她视为近代中国一切罪恶的渊薮。除此之外，慈禧还是一个女人并且还有一颗儿女拳拳心，她一生最有名的一句话，就是"可怜天下父母心"。

古时后宫里，嫔妃很难与宫外的亲人见上一面，慈禧也是这其中的一位。当慈禧掌权成为大清朝的统治者之后，虽然有条件回家省亲，但由于事务繁忙，而没有探望父母的时间了。

在慈禧母亲的七十大寿上，慈禧因为国事无法亲自参加，于是只能派出侍卫，将自己准备好的礼物送过去。可怜天下父母心这句诗，就是慈禧当时写的：

世间爹娘情最真，血泪溶入儿女身。

弹竭心力终为子，可怜天下父母心！

这首诗，如果从文笔上来看的话，并不算是什么好诗，但贵在情感真挚，尤其是最后一句，更是成为流传千古的名句。

　　这首诗，凸显了慈禧柔情的一面，尤其是凸显了她的孝心，由此，脱去那些背景，慈禧还是一个女子，一个有着寻常人七情六欲的非凡女子。

生逢末世度日难

　　慈禧，即咸丰懿贵妃叶赫那拉氏，生于道光十五年即公元1835年11月29日。

　　关于慈禧的身世存在很多说法，尤其是慈禧的出生地，可谓众说纷纭。除生于北京的说法之外，还有五种：第一是甘肃兰州说，第二是浙江乍浦说，第三是内蒙古呼和浩特说，第四则是安徽芜湖说，而第五就是山西长治说了。

　　慈禧出身于满洲镶蓝旗（后被抬入了满洲镶黄旗）的一个官宦世家。慈禧的曾祖父吉朗阿，曾在户部任员外郎。其祖父景瑞，在刑部山东司任郎中，相当于现在部里的一个司局长，在道光二十七年（1847年）时，因没能按约定期限退赔其父吉朗阿在户部任职时遗留下的亏空银两而被革职。她的外祖父惠显在山西归化城当副都统。她的父亲名叫惠征，在吏部任笔帖式，是一个相当于人事部秘书、翻译的八品文官，后屡有升迁。根据清宫档案

《内阁京察册》（清政府对京官三年一次的考察记录）记载：慈禧的父亲惠征，在道光二十六年（1846年）调任吏部文选司主事。二十八年（1848年）、二十九年（1849年）因为考察成绩又是一等，受到皇帝接见，被外放道府一级的官职。同年四月，任山西归绥道。咸丰二年（1852年），调任安徽徽（徽州府）宁（宁国府）池（池州府）太（太平府）广（广德州）道的道员。

从慈禧之父惠征的履历看，他曾先后在北京、山西、安徽等地方任职。那么，慈禧到底出生在什么地方呢？

关于慈禧的出生地几乎没有留下任何文献记载，因为谁也没有料到几十年后这个普通官宦人家的女子，会成为执掌大清国朝政近半个世纪的圣母皇太后。近几年，北京学者从清宫档案中找到了新的史料，就是清朝皇帝选秀女的名单，这在档案中叫作“排单”。其中有咸丰五年（1855年）慈禧的亲妹妹被选为秀女的记录，慈禧的这位妹妹后来成了醇郡王奕譞的侧福晋，光绪的生母。“排单”上明确记载：此女属满洲镶蓝旗，姓叶赫那拉氏，父亲名叫惠征，最高官职做到五品的道员。一些学者主要根据这份“排单”认定，咸丰五年之前，慈禧的娘家住在北京西单牌楼北劈柴（辟才）胡同。所以，这里应该是慈禧的出生地。按照京师八旗分城居住的规定，乾隆三十五年（1770年），镶蓝旗满洲都统衙门在阜成门内华嘉寺胡同；到民国初年，镶蓝旗满洲都统衙门旧地在阜成门内华嘉寺 14 号。劈柴胡同距华嘉胡同很近。慈禧的父亲属于满洲镶蓝旗，他们家应当住在劈柴胡同一带。

此外，还有人认为慈禧出生在北京东城方家园。《清朝的皇帝》一书中记述："慈禧母家在东城方家园，父官至安徽徽宁池太广道，时当道光末年，洪杨起事，惠征守土无方，革职留任，旋即病殁，遗妻一、子女各二，慈禧居长。"有书说："恭亲王曾慷慨言之：'大清天下亡于方家园！'"注云："方家园在京师东北角，为慈禧母家所在地。"

《翁同龢日记》同治九年（1870 年）八月十七日记载了慈禧母亲发丧的经过：

"昨日照公（慈禧的弟弟照祥）母夫人出殡，涂车刍灵之盛，盖自来所未有，倾城出观，几若狂矣！沿途祭棚络绎，每座千金，廷臣往吊者皆有籍，李侍郎（军机大臣、户部侍郎李鸿藻）未往，颇忤意旨。"

慈禧的父亲惠征在咸丰二年出任安徽宁池太广道，当时正是太平军横扫大江南北之时，安徽地界很不太平。惠征到任内不足一年，就不安于小小道员的官职了。第二年三月，惠征以"携带饷银印信避至镇江"而被上级官员开除离职，同年六月初三，惠征悲愤致病，最后客死于江苏镇江府，终年仅49岁。

慈禧的母亲也出身于显宦人家，慈禧幼年就生活在京城。一家三代虽然都未能做到显赫的一二品大员，但却也是风光无限的达官了。为了能够进一步的升迁，慈禧的家中几代人都做了非常大的努力，但是收效甚微。祖辈的坎坷遭遇，力图升迁的经历，给幼年的慈禧留下了深刻的影响，也让她在日后对权力抓得特别紧。

以醇酒妇人自戕

咸丰元年（1851年），清廷按照惯例颁诏选秀女，这为慈禧进入皇家提供了一个机遇。慈禧由镶蓝旗佐领恩祥选送入宫，于咸丰二年（1852年）二月被皇帝看中，封为兰贵人，于五月初九奉旨进入宫廷。咸丰四年（1854年）二月二十六日晋封为懿嫔。

慈禧入宫时，被封为兰贵人，那一年她16岁，比咸丰小四岁。这就是说，慈禧在宫里的起点并不高，比贵人高的有嫔、妃、贵妃、皇贵妃、皇后，而贵人在宫中仅仅是比常在、答应高一点点。

咸丰的第一位皇后是他在藩邸时的嫡福晋萨克达氏，这个短命人在咸丰即位前的一个月去世了，被追封为孝德显皇后。咸丰的第二位皇后是钮祜禄氏，虽然比慈禧小两岁，但她在咸丰居藩邸时就嫁了过去，咸丰即位后被册封为孝贞显皇后。

对叶赫那拉氏即日后的慈禧来说，能否上位，主要得看能否
生儿子。而生儿子，首先得争取到生儿子的机会。

后宫中粉黛如云，竞争异常激烈，她使出了浑身解数，争取
到了生儿子的机会。慈禧后来曾回忆那段经历说："入宫后，宫
人以我美，咸妒我，但皆为我所制。"可见这个女人绝非善类。

咸丰子嗣不旺，结婚后七八年里，二十来个后妃，却没有一
儿半女。打破咸丰子嗣零纪录的是与慈禧同时进宫的丽嫔他他拉
氏，他他拉氏在咸丰五年（1855 年）五月生下一位公主。紧接着
慈禧也在咸丰六年（1856 年）三月生下了大阿哥载淳，对此咸丰
狂喜不已。

早在咸丰五年，慈禧怀孕后，慈禧之母便应诏于是年的年底
至储秀宫陪同住宿，以便照应自己的女儿。经过一番"刨喜坑，
选佣人，备木槽"等紧张准备而又繁杂的宫廷礼仪后，慈禧终于
迎来了分娩的时刻。

中国第一历史档案馆藏有咸丰六年三月《懿妃遇喜大阿哥》
档册一份，记载了当时的一些具体细节：二十三日巳时，懿嫔开
始坐卧不安，随储秀宫服役的太监韩来玉，问接生姥姥口氏，说
似有转胎之象，这就是说可能会难产。但在三月二十三日未时，
懿嫔却顺利地分娩出一个阿哥。收拾完毕后，太监带领两个大夫

来到储秀宫，一个是给大人查看身体，另一个是给刚出生的孩子检查身体。两位大夫给懿嫔母子号脉，母子均安，皇帝大喜。

　　慈禧生的这位大阿哥取名载淳，就是后来的同治。咸丰八年（1858年），咸丰的玟贵人徐佳氏生下第二个皇子，可惜一出生，此子就夭折了；从此一直到清王朝宣统皇帝宣布退位，甚至被赶出宫前，紫禁城内再也没有一位后妃生儿育女了。因此，慈禧所生的载淳被皇帝视若掌上明珠。

　　时年22岁的慈禧，于咸丰六年三月二十四日晋封懿妃，次年又晋封为懿贵妃，在宫中的地位日益显赫，仅次于皇后，真正是母以子贵。

　　咸丰十一年（1861年）十二月十八日，慈禧被抬入镶黄旗满洲。清朝八旗制度有所谓"上三旗"与"下五旗"之分，上三旗指的是镶黄、正黄、正白；下五旗则指镶白、正红、镶红、正蓝、镶蓝五旗。关外征战时，上三旗由皇帝亲自统帅，位高势尊；下五旗则是由各旗旗主带领，和皇帝关系不是很密切，所以政治地位较"上三旗"低下。同治继位后，慈禧"母以子贵"，故其母家得以破格被抬入镶黄旗。

　　实际上咸丰日子很不好过。面对着严峻的挑战，他必须得有力挽狂澜的能力和勇气，可他完全不具备。只事歌舞升平的他对于接踵而至的内忧外患不胜其烦：内忧的是太平军势头猛烈，打了好几年也未有最后胜负；外患的是英、法等国得寸进尺。咸丰承受不了重负，已经烦到连奏章都懒得看的地步。对于如同一团乱麻的内政外交，他索性选择了逃避。

从咸丰四年（1854 年），咸丰就已经把同英、法谈判的包袱甩给了广东巡抚叶名琛，但涉及公使驻京、开放长江沿岸城市为通商口岸、贸易税、传教等等一系列问题则是叶名琛无权解决的，而上述要求又是西方列强蓄谋已久的，以至彼此谈了一两年也没能达成协议。第二次鸦片战争终因英国领事巴夏礼利用"亚罗号"事件而爆发。

英法联军在十一月十四日攻陷广州，就连广东巡抚叶名琛也沦为俘虏。稍后，英国军舰十余艘、法国军舰六艘、美国军舰三艘、俄国军舰一艘在咸丰八年（1858 年）三月初抵达天津的白河口。

白河口距离天津二百里，清政府在大沽设置炮台进行防御。四月初八，大沽炮台陷落，京师戒严。咸丰只能在英、法、美、俄拟好的条约上签了字，该条约就是使中国进一步半殖民地化的《天津条约》。

可英法两国对已经获得的权益依然不满意，随即英国内阁就通过了再次发动战争的表决，到北京换约不过是发动战争的借口。

而清政府很多人也认识到，同英法打交道"断非口舌能争，亦非微利能动，必得用兵方可"，然而当时"内寇方帜，民困未苏"，在"将天津海口预备齐全之前"还是"以免登时决裂"为上策。

在畿辅地区开战，必须要打有准备之战、有把握之战。可这时大沽炮台失守、英法联军占领了天津，清政府根本就顾不上更新炮台装备。

最让人遗憾的是，以咸丰为代表的大多数清朝官员对西方列强的情况两眼一抹黑，在对外交往中要么是盲目乐观，要么是一味妥协。当英法联军从天津向北京进发，咸丰却打算以御驾亲征的名义外逃。

英法联军到达通州后，北京局势已危如累卵，在谈判不利的情况下，怡亲王载垣扣留了巴夏礼，想迫使对方也能接受一点清政府的条件，不料此事反而成为英法联军发起进攻的最好借口，虽然僧格林沁在八里桥进行了顽强的抵抗，但英法联军如狼似虎，八里桥、定福庄相继失守，朝阳门更是一战即溃。

咸丰十年（1860年），英法两国侵略军由广东挥师北上，长驱直入，攻陷大沽，陈兵天津，京师受到严重威胁。咸丰束手无策，时而要"御驾亲征"，时而又策划遁逃。慈禧却在关键时刻头脑冷静，她认为：皇帝在京可以震慑一切，圣驾若行，则宗庙无主，恐为夷人践毁，昔周室东迁，天子蒙尘，永为后世之羞，今若遗弃京城而去，辱莫甚焉。

可惜慈禧的这一主张未被咸丰采纳。当通州八里桥败讯传来，英法联军进逼北京城下时，咸丰的应对就是逃！

他与皇后、懿贵妃、大阿哥等仓促北逃承德，将残局留给已经赋闲五年的六弟恭亲王奕䜣收拾。而在离京前，他把同洋人谈判这件极为棘手的差事交给了恭亲王奕䜣的同时，还下达了处死巴夏礼的命令。但奕䜣此时来了个"君在外，君命有所不受"，他释放了巴夏礼。可这也没用，英法联军依然向北京推进，奕䜣也逃了，不过他只是跑到卢沟桥一带，紧接着圆明园、颐和园、玉泉山、香山相继被劫掠、焚烧，这把火从八月二十二日开始燃烧，持续了将近半个月。尽管奕䜣已经在英法联军拟订的更加丧权辱国的《北京条约》上签了字，但火势依旧，皇家园林冒出的熊熊浓烟与蹿动的火苗，刺痛着每个中国人的心。

英法联军从安定门入城，驻扎在国子监一带，京城内外一片惶恐。

留在北京的奕䜣惶恐不安，度日如年，逃到承德的咸丰则是惊弓之鸟，面对《北京条约》，他们只有用玺的义务，没有审批的权力。"城下之盟，春秋耻之"，可签订《北京条约》，敌军岂止兵临城下，完全是占领了京城，这是中华民族前所未有的奇耻大辱。

　　咸丰十年（1860年）九月底，占领北京的英法联军在《北京条约》正式签订后撤离，京城又成为"帝都"，恭亲王等廷臣一再吁请皇帝回銮，但咸丰就是不想起驾，唯恐"夷人又来挟制，朕必将去而复返"。他无法面对圆明园、颐和园、玉泉山等皇家园林沦为废墟的现实，也无法面对在生死存亡的关头被他抛弃的宗庙、社稷，就这样，既没有面对现实的勇气，也没有痛定思痛、励精图治的志气，那么就只能躲在避暑山庄消极待日。

　　无力回天的咸丰消极非常，完全是在用醇酒妇人来自杀，他用酒色来发泄内心的痛苦，他原本就不健壮的身体步入恶性循环的轨道，他的病情迅速恶化。第二年的七月，一天晚饭后，咸丰突然昏了过去，死亡的迫近让三十刚出头的咸丰开始安排自己的后事，他的大阿哥才六岁，他既怕有才干的奕訢起了篡位之心，又怕大臣辅政会重蹈当年顺治四辅政的老路子，同时还担心大阿哥的生母懿贵妃会欺负老实的皇后。在承德避暑山庄，慈禧"披览各省奏章"，议论朝政得失，这些举动渐渐引起了咸丰及其亲信肃顺等朝臣的不满。肃顺甚至请求咸丰行"钩弋故事"，即仿照汉武帝的做法，将太子之生母钩弋夫人赐死，以除后患，这让慈禧与肃顺之间的关系势同水火。

　　然而咸丰却不具备汉武帝的远见，"濡需不忍"，并且咸丰认为，留下叶赫那拉氏，或许对八大臣是个挟制，最终他有了一个自认为万全的安排：以两宫牵制辅弼的载垣、端华、景寿、肃顺、穆荫、匡源、杜翰、焦佑瀛八大臣，再以皇后钮祜禄氏制约懿贵妃叶赫那拉氏。把刻有"御赏"的印颁给钮祜禄氏；把刻有"同道堂"的印颁给载淳，"同道堂"暂由载淳生母叶赫那拉氏代管，待小皇帝亲政归还。凡八大臣所拟谕旨必须要上面盖有"御赏"，下面盖有"同道堂"之印才能生效。单独颁给钮祜禄氏"御赏"之印则体现出皇后的地位永远在母以子贵的叶赫那拉氏之上，咸丰召见的最后一个人就是他的皇后钮祜禄氏。

咸丰十一年（1861年）七月初十，咸丰忧劳成疾，暑泻日久，终至病逝于烟波致爽殿。

发动政变垂帘听政

皇太子载淳即位枢前，尊嫡母钮祜禄氏为母后皇太后，亦称母后皇太后为慈安皇太后；因钮祜禄氏居住的钟粹宫在紫禁城的东路，民间又称慈安为东太后。生母叶赫那拉氏为圣母皇太后，亦称圣母皇太后为慈禧皇太后，因慈禧居住的储秀宫在紫禁城的西路，故民间又称慈禧为西太后。

八大臣给新皇帝拟的年号是"祺祥"。咸丰安排的八位顾命大臣中，最有能力的是郑王端华的弟弟、时任御前大臣的肃顺。

此时的慈禧以圣母皇太后的身份代行皇帝职权，朝廷出现了垂帘、辅政兼而有之的局面。但慈禧对于这种政治格局，仍感到很不满足，她一心想的是垂帘听政、大权独揽。而以载垣、肃顺为首的辅政大臣则坚决反对慈禧干预政务。这两股政治势力之间，已经隐藏着深刻的矛盾。除此之外，当时的政治舞台上还潜伏着另一股重要的政治势力，即以恭亲王奕䜣为首的洋务集团。

本来，清朝自开国以来从无太后垂帘听政的惯例，于是渴望垂帘听政的小皇帝生母叶赫那拉氏，首先说服了对处理政务无甚兴趣的慈安同意太后垂帘听政。

接着御史董元醇上书言事，直接吁请两宫太后垂帘听政，明确提出"现值天下多事之秋，皇帝陛下以冲龄践祚……臣以为宜明降谕旨，宣示中外，使海内咸知皇上圣躬虽幼，皇太后暂时权理朝政，左右不能干预"。尤为引人注目的是，董元醇竟直接提出变更清朝祖制以及咸丰遗诏的奏请："虽我朝向无太后垂帘之仪，而审时度势，不得不为此通权达变之举"，"襄赞政务，虽有王大臣军机大臣诸人，臣以为当更于亲王中简派一二人，令其同心辅弼一切事务"。

虽然董元醇的奏折给"留中"了，然而以肃顺为代表的八大臣却不依不饶，以小皇帝的名义草拟了一份严厉斥责董元醇的上谕：“我朝圣圣相承。向无皇太后垂帘听政之体，朕以冲龄仰受皇考大行皇帝付托之重，御极之初，何敢更易祖宗旧制……该御史必欲于亲王中另行简派，是诚何心？所奏尤不可行！以上两端，关系甚重，非臣下所得妄奏……”慈禧、慈安不同意发布批驳董元醇的所谓上谕，为此两宫皇太后与小皇帝召见顾命八大臣。由于双方各持己见，互不相让，词语激昂，以至于把小皇帝吓得都尿了裤子。一向比亲妈更心疼小皇帝的慈安只能宣布“明日再说”。由于两宫皇太后不肯用“御赏”与“同道堂”的印，斥责董元醇的上谕也就没出去。

为了向两宫施加压力，八大臣来了个集体撂挑子——用当时的话就是“搁车”。八大臣的强硬态度，愈发坚定了慈安支持慈禧实行两宫垂帘听政的决心。但她们俩绝斗不过八大臣，她们必须联合在京城的恭亲王奕䜣。而恭亲王奕䜣正因被排除在顾命大臣的行列而难以释怀，慈禧便利用恭亲王奕䜣的愤愤不平，以及慈安对襄赞八大臣心存芥蒂，安排了一起惊天政变。

十月二十六日，两宫太后由热河乘坐骡车起驾回京。端华、载垣等七名赞襄政务大臣护驾同行。而肃顺率领亲军拱卫着咸丰棺椁行进缓慢，远远落在了两宫的后面。十一月一日，两宫太后回到紫禁城，第二天在朝堂逮捕了端华、载垣。

肃顺于十一月二日晚，拱卫着咸丰棺椁到达了密云行宫。密云副都统德兴阿安排护卫部队在檀营休整一日，密云行宫由"檀营"驻军担任警戒。夜间，醇亲王奕譞（咸丰七弟、慈禧妹夫）由北京赶到密云，在德兴阿的配合下，顺利地擒获肃顺，然后拱卫着咸丰棺椁回京。在京文武大员及臣民们在东郊半壁店跪迎咸丰棺椁，而肃顺则被押解在囚车之上回到了北京。

十一月六日，慈禧下令将载垣、端华赐死，令其二人在宗人府空室自尽；至于肃顺，则以其悖逆狂谬，较载垣等尤甚，本应凌迟处死，后加恩改为斩立决。十一月八日，肃顺被斩之日，万人空巷，前往观看。肃顺白衣白靴，面无惧色，骂不绝口。囚车行至菜市口刑场肃顺又拒而不跪，被刽子手打断腿骨，始下跪就刑。

而两宫皇太后同小皇帝回到京城后，在恭亲王奕䜣的导演下，大学士周祖培、贾桢、驻防京畿的胜保都把吁请两宫垂帘听政"因时制宜""而于近支亲王中择贤而任"等内容的奏折呈上。

十一月十一日载淳在太和殿举行登基大典，撤改"祺祥"，年号换为"同治"，意在两宫太后同治天下。十二月二日，清廷宣布两宫太后垂帘听政。

这场晚清政治舞台上动人心魄的权力争斗，被称为"祺祥政变"，又称"辛酉政变"。它为慈禧上台执政铺平了道路。以当时情形而论，以肃顺之才，早已经知道慈禧与他水火不容，应该早下手除掉慈禧，可惜载垣、端华之流才能平庸，没有采纳肃顺的建议，最后落了个自杀的自杀、砍头的砍头的下场。

"辛酉政变"取胜的直接原因在于，两宫皇太后和恭亲王奕䜣抓住并利用官民对英法联军入侵北京、火烧圆明园的强烈不满，对"承德集团"不顾民族、国家危亡而逃到避暑山庄的不满，把全部责任都加到了顾命八大臣头上，从而取得了政治上的主动，争取了官心、军心、旗心、民心，顾命八大臣则成了替罪羊。

至此咸丰遗诏中"著派载垣、端华、景寿、肃顺、穆荫、匡源、杜翰、焦佑瀛尽心辅弼，赞襄一切政务"的谕令已经被推翻。与此同时，八大臣为新君所拟定的年号"祺祥"也一并被废弃。在这场政变中，最大的赢家就是慈禧，由此而揭开的就是她左右政坛 48 年的历史。

咸丰的原意是让八大臣和两宫太后权力互相制约，既不让辅臣一手遮天，又避免后宫专政。但后来的事实证明，咸丰的如意算盘落空了，他的临终遗命被否定，分散权力的目的没有达到，反而制造了更深的矛盾。直接引发了"辛酉政变"，关于政变的过程和结局，许多书里都有详尽记述，这里不再多说。我们更关心的是慈安太后在这场政变中所起的作用。

慈安太后在辛酉政变中具有独特地位。这场政变实质上就是一场朝廷内部的权力之争：一方是两宫皇太后和以恭亲王奕䜣为首的皇族，另一方则是咸丰临终任命的八位赞襄政务王大臣。这场政变的组织者、策划者和领导者是慈禧，其主要倚靠的骨干力量是奕䜣，但也绝对不应忽视慈安在其中的作用。慈安作为一位德高望重的、名正言顺的原中宫皇后、当时的母后皇太后，具有举足轻重的作用，因此她是这场政变中决定成败的关键性人物。这一点，机敏而工于心计的慈禧比谁都清楚。慈禧清楚自己是"母以子贵"才登上皇太后宝座的，声望、资历、影响力远逊于慈安。如果不将慈安争取过来，夺权、垂帘听政的目的就达不到。慈禧凭其如簧之舌，终于将慈安拉到了自己这一边。反过来，如果慈安旗帜鲜明地坚定拥护咸丰的遗命，毫无保留地支持并站在八大臣一边，辛酉政变就不会发生，这段清史就得重写。

　　有书记载，慈安"及与孝钦后（慈禧）垂帘听政，首简恭王入军机处。时国人称孝贞优于德，而大诛赏大举措，实主之；孝钦优于才，而判阅奏章，裁决庶务，及召对臣工，咨访利弊，悉中款会"。这段话是什么意思呢？就是说，时人对慈安和慈禧的评价是各有所长，慈安"优于德"，慈禧"优于才"。一些日常的事务由慈禧处置，但每遇朝政大事，还是要由慈安太后最后决定。慈安太后的理政之才主要表现在：

一、重用能臣，"同治中兴"。慈安与慈禧密切配合，发挥己长，励精图治，在朝内重用奕䜣、奕譞、文祥、倭仁等重臣，外用一批优秀的汉族将领，如曾国藩、左宗棠、李鸿章等，使得同治年间出现了"中兴之象"。1914 年出版的《清朝全史》记载："同治改元之初，即知曾文正公之贤，授为两江总督。文正感其知遇，尽心谋国。而东宫（指慈安）则自军政、吏治、黜陟、赏罚，无不咨询文正而用其言。"于是当时遂有"至军国大计所关，及用人之尤重大者，东宫偶行一事，天下莫不额手称颂"之说。

二、诛杀安德海，朝野称快。清朝制度：太监不得出都门，犯者杀无赦。安德海是慈禧的心腹太监，他依仗慈禧的宠信，胡作非为，肆无忌惮。朝中大臣，甚至连同治都恨他入骨。同治八年（1869年）八月，安德海请求慈禧派他到江南置办龙衣，获得许可。但他不知收敛，一路招摇，途经山东境内时，被山东巡抚丁宝桢拿获。丁宝桢迅速将此事上奏朝廷，慈禧有意袒护，慈安"立命诛之"，结果安德海被就地正法。由于慈安的力主其间，安德海才得以伏法，当时朝野上下，人心大快。

由上可见，慈安皇太后不仅有德，而且有才，小事不拘，在大事上绝不糊涂。慈安的存在对慈禧是有着相当震慑作用的。

兰贵人与丽贵人

　　电影《垂帘听政》中，有关慈禧残酷迫害咸丰的另一个妃子丽妃的情节一直让人印象深刻。在影片中，慈禧与丽妃是一对情敌。丽妃千娇百媚，能歌善舞，深受咸丰的宠爱，根本不把慈禧放在眼里。一心想要承宠、费尽心机往上爬的慈禧对她妒恨不已。咸丰死后，慈禧成功发动辛酉政变，实现垂帘听政，成了大清皇朝的实际统治者。她在肃清了敌对势力后，回过头来整治昔日与她争宠的丽妃。慈禧效法汉代吕后迫害戚夫人的方法，将丽妃的手脚悉数砍去后，装在一个坛子里，对她极尽侮辱之能事。这段情节，在影片中阴森恐怖，将慈禧塑造成了一个刻薄寡恩、睚眦必报的恶毒妇人形象。那么，历史上是否真有丽妃这样一个人，她与慈禧的关系真的像影片描绘的那样吗？慈禧真的以那样残酷的手段迫害过她吗？

　　据史书和清宫档案记载，丽妃是主事庆海的女儿，他他拉氏。道光十七年（1837年）二月二十七日生，比咸丰小六岁，比慈禧小两岁，与慈安同岁。咸丰元年（1851年）参选秀女时，丽妃和慈禧同被选中，丽妃被封为丽贵人，慈禧被封为兰贵人。

　　咸丰二年（1852年），二人同时入宫。咸丰四年（1854年），丽妃被封为丽嫔，慈禧被封为懿嫔。咸丰五年（1855年）五月初七日，丽嫔为咸丰产下了皇长女，三天后就晋封为丽妃。

咸丰六年（1856年）三月二十三日，慈禧生下了皇长子载淳，即后来的同治，当天就晋升为懿妃。

咸丰死后不到三个月，慈禧就以同治的名义，以"丽妃侍奉皇考有年，诞育大公主"，晋封她为丽皇贵妃，越过了贵妃这一级，一次升了两级。同治十三年（1874年）十一月，慈禧又降懿旨，尊封丽皇贵妃为丽皇贵太妃，地位仅低于皇太后。

多年来，丽妃体弱多病，经常吃药，于光绪十六年（1890年）十一月十五日病逝，享年54岁。她死后第三天，光绪亲自到金棺前奠酒、行礼。她的金棺暂安于田村殡宫。光绪十九年（1893年）四月十八日，丽妃金棺葬入清东陵的定陵妃园寝。这座妃园寝建有15座宝顶，共分三排。丽妃的宝顶位于第一排的正中之位，处于这座园寝的最尊贵的位置。

丽妃所生的女儿是咸丰唯一的女儿，所以备受咸丰和众妃嫔的喜爱，同治九年（1870年）被封为荣安固伦公主。清朝制度：只有皇后生的女儿才能封为固伦公主，妃嫔生的只能封和硕公主。按此规定，丽妃生的这个女儿应封和硕公主，可是慈禧却破例封她为荣安固伦公主。

以上史实表明，丽妃不仅未受到慈禧的迫害，反而受到了慈禧的格外关照和一系列礼遇，这表明丽妃与慈禧的关系是十分融洽的。由此看来，经常以专横跋扈、阴狠刻毒面目示人的慈禧也还有温情、恤下的一面。

　　也可能是因为慈禧牢牢掌握着国家、后宫大权，丽妃本人比较温顺听话对她构不成任何威胁，所以才对她礼遇有加。然而一旦有人胆敢忤逆她的旨意，挑战她的权威，慈禧流露的就是另一副面孔了，这从她对儿媳的态度上可见一斑。

玩弄权术，掌控前朝后宫

　　咸丰十一年（1861年）十月初九，载淳在太和殿举行登基大典，以明年为同治元年。十一月初一，同治奉两宫皇太后到养心殿垂帘听政。封奕䜣为议政王，享受双亲王的俸禄，并入主军机。

　　通过一系列施政，两宫皇太后与奕䜣所组成的三人同盟，进入一个稳定时期。动荡的局势，也迫使他们必须同舟共济。

　　在这个组合中，地位最高的是慈安，但她恰恰是三巨头中最为薄弱的。据薛福成的《庸庵笔记》所载"西宫太后性警敏，锐于任事，太后（指慈安）悉以权让之，颓然若无所与者"。

　　到同治三年（1864年）六月十六，曾国藩的弟弟曾国荃攻克太平天国都城南京，把困扰清王朝14年的太平军的主力给镇压了下去，晚清的政坛上出现了短暂的"同治中兴"。但就在这时，清廷的"三人同治"却走到了尽头。本来两宫太后同奕䜣的联合就各有各的动机，慈安主要是不愿小皇帝受制于八大臣，而慈禧则是为了借助奕䜣的力量实现垂帘听政，至于既有能力又有雄心的奕䜣不过是以支持垂帘听政的名义推翻八大臣把持朝政的局面、取而代之。

慈禧本来就是个一山不容二虎的人，更何况三虎！因而慈禧极力争取慈安，以奕䜣在两宫面前失礼作为借口把奕䜣从三巨头中排挤出去。所谓失礼其实是慈禧有意用一些微不足道的小事来找奕䜣的碴儿。

在慈禧的策划下，一份弹劾奕䜣"揽权、纳贿、徇私、骄盈"的奏折在同治四年（1865年）三月初四，炮制出笼，慈禧遂利用这份"均系风闻"的弹劾，以同治的名义罢免了奕䜣的一切职务。

但令慈禧始料不及的是，不仅内阁以"此事须有实据"拒绝附和两宫的意见；在要颁布处分奕䜣的谕旨时，内阁大学士周祖培竟以"此惟两宫圣裁，非臣等所敢知"为由而拒绝拟旨；以至慈禧不得不亲自动笔，把"事出有因"写成"是出有因"；"诸多狂傲"写成"诸多狂敖"；"倚仗爵高权重"写成"以仗爵高权重"；"诸多挟制"写成"诸多挟致"；"若不及早宣示，朕亲政之时，何以用人行政"，也许她已经忘记是以同治的名义写谕旨了，竟然写成"若不即早宣示，朕归政之时，何以用人行正"，居然把"亲政"写成"归政"。

让慈禧惊诧的是，就连近支亲王也都开始上书："请皇太后、皇上格外恩施……"更令慈禧感到意外的是，被派往东陵祭祀的醇亲王奕譞闻讯也急忙赶回，上言道："恭亲王感荷深恩，事烦任重，其勉图报效之心，为我臣民所共见。至其往往有失检点，乃小节之亏，似非敢有心骄傲，若因此遽而罢斥，不免骇人听闻，于行政用人，殊有关系。"

王公大臣的反对使慈禧意识到：虽然经过了四年的垂帘，要甩开老六奕诉还为时尚早，于是在三月十六降旨：恭亲王"仍在内廷行走，并仍管理总理各国事务衙门"，直到四月十四日才又下达"仍在军机大臣上行走，毋庸复议政名目，以示裁抑"。但慈禧还是削掉了奕诉的议政王名号。

奕诉目睹了洋枪洋炮的厉害，在他的带动下，曾国藩、李鸿章、左宗棠等一批封疆大吏也都开始办起了洋务，自19世纪60年代中叶以来以国防工业为领军的涵盖采矿、制造、航运、近代教育等方面的洋务运动在中国兴起。江南制造局、福建造船厂、轮船招商局的建立以及向海外派遣留学生等措施，都使得晚清社会在悄然发生着变化。洋务与维新之间的差距其实就差那么一步，用冯桂芬的话来说就是："略仿西法""注重舆论""废除科举""改进教育""加强地方自治"鼓励读书人"发表政见"。

同治十一年（1872 年），载淳已 17 岁，两宫太后不得已交出权力，实行归政，但载淳的亲政仍难摆脱慈禧的干预。

同治亲政后，为了重修圆明园和奕䜣闹翻，一气之下革掉了奕䜣一切职务。虽说当时慈禧已经归政，但她依旧控制着同治，她把同治训斥了一通，令同治撤销颁出的谕令。慈禧为什么要宽容奕䜣，因为紫禁城内又出现了新的危机：同治在立后问题上不听生母慈禧的安排，而听嫡母慈安的意见选立阿鲁特氏为皇后。面对慈安、同治和阿鲁特氏的联合，此时她必须得缓和同奕䜣的关系。而同治急着要修圆明园明面上是为了母亲，实际是想把慈禧打发到园子里，皇宫内院好由他和皇后把持。深谙权力之争的慈禧很清楚，在充满激流险滩的政坛上既没有永远的朋友也没有永远的敌人。所以她把奕䜣争取到自己这边，这对于她的下一步是有利的，她必须阻止同治走向独尊。

同治亲政未及两年，就因病结束了短暂的一生，同治十三年（1874 年），载淳染上天花，于十二月五日死于养心殿东暖阁，谥继天开运中居正宝大定功圣智诚孝信敏宽毅皇帝，庙号穆宗，葬河北遵化清东陵之惠陵。

同治死时并无一子，慈禧主持为同治立继承人，却不允许皇后阿鲁特氏参加，对此居然没有人质疑，这足以反映出尚未议储，慈禧就已经主宰了议储会议。

　　无论在一些正史著述还是在野史传说中都盛传：咸丰临终前为慈安留了手谕并对其说道，叶赫那拉氏"今既生皇子，异日母以子贵，自不能不尊为皇太后，惟朕不能深信其人。此后如能安分守己，则已，否则汝可出此诏，命廷臣传遗命除之"。

　　如果慈安真有那份手谕，也不可能是咸丰临终前写的，毕竟连"立皇长子载淳为皇太子"的圣旨都是由咸丰口述让臣下记录的。除非咸丰在肃顺的提醒下早就写好了这份遗诏，在临终前交给了皇后钮祜禄氏。据说慈安为了表明对慈禧的信任，把遗诏拿给慈禧看，并当着慈禧的面把遗诏焚烧了，这才使得慈禧愈来愈跋扈专横。

　　从名分上说，应该由慈安主持此次立储会议，同治的死已经使慈禧失去了母以子贵的基础，但深通权术的慈禧已经在一年前的圆明园风波中把恭亲王奕䜣置入彀中。这一次是慈禧同奕䜣联手，立慈禧的外甥兼侄子也就是醇亲王同慈禧妹妹生的载湉为咸丰的继承人，这样她可以继续垂帘听政，因为当时载湉年仅 4 岁。

　　慈禧的安排让"诸王皆谔"，毫无思想准备的醇亲王奕譞竟然当场昏了过去，只有恭亲王奕䜣神态自若，不仅斥责奕譞失礼，还"令侍卫"把奕譞"扶出"，显而易见恭亲王是慈禧的同谋，因而"诸王不敢抗后旨"。当四岁的载湉被抱进宫后，才四十岁的慈禧再度垂帘，光绪时代就此开始。

也许奕訢并没有意识到由于他对慈禧的支持，慈安在政坛上已经形同傀儡。长期以来，慈安给人一种过于忠厚老实，缺乏政治才干，事事依赖慈禧的印象。实际上，这样的看法未免有失偏颇。真实的慈安出身于世代官宦之家，从小就受到良好教育。而且在她成为中宫皇后的十年期间，清王朝遭遇了空前的外患内忧，她在忧患中变得更加成熟，也在忧患中增长了阅历。

在美女如云的皇宫，在多情好色的咸丰身边，能保持十年荣宠不衰，除了凭借她本人超凡的容貌和人品，还有一个更为重要的因素，就是她有一套十分成功有效地处理和驾驭与众妃嫔、与夫君皇帝关系的秘诀。这足以表明慈安是一位城府很深、大智若愚的女性。即使把她与慈禧放在一起，作为一个政治人物来衡量，慈安也绝不是一无是处。决定朝政大端，慈安优于德，而慈禧优于才。慈安对权力不感兴趣，所以日常朝政多让慈禧处理。而"慈禧慑于嫡庶之分，亦恂恂不敢失礼"。遇到朝政大事，慈禧不敢擅做主张，仍要征询慈安的意见。由此可见，慈安太后在控制局面、掌控权力方面也是很有一套办法的。在光绪年间任过大清国驻英国大使，回国后先后任过光禄寺卿、太常寺卿、大理寺卿、左副都御使的薛福成，在他的《庸盦笔记》中记到：诛杀陷城失地、临阵逃脱的两江总督何桂清，将骄蹇贪淫的胜保下狱赐死，赏给曾国藩、左宗棠、李鸿章爵位，皆出自慈安之意。

慈安与慈禧根本不同处还在于，她一心扶助同治，无论是同慈禧一起抑制奕䜣，还是又同奕䜣联合除掉安德海，都是为同治亲政做准备，她不想让同治受制于他人。

好不容易支撑到同治亲政，她本以为可以对得起先帝的临终重托，偏偏同治又早逝！同治病逝后，慈安开始主动退避，她认为光绪不是先帝的骨肉，因此她不去操心了。然而慈禧并不会因为慈安的退让而善罢甘休，慈安毕竟是咸丰的皇后，她绝不能让光绪成为第二个同治倚仗慈安和自己作对。除掉慈安，已经成为慈禧的下一个目标。据恒慕义主编的《清代名人传略》孝钦显皇后传中写道："1881 年 4 月 7 日（即光绪七年三月十一日）孝贞皇太后（慈安）突然去世，染病仅一日"，而该文译者王澈在这段的文字后面还特意加了这样一条注"据中国第一历史档案馆《上谕档》，孝贞从发病到死亡不到两个小时"。

在当时就"传言四起，说孝贞（慈安）是被孝钦（慈禧）毒死的"，而萧一山在其著作的小标题中就赫然写有"慈安被弑"，书中也有"慈禧悍然弑之"的表述。

慈安之死之所以在当时引起如此大的反响，因为在此之前闹病的是慈禧，朝野上下都以为死的是慈禧，结果反而是没有生病的慈安突然死了。

关于慈禧的病，在萧一山先生的著作中也有如此一段描述："光绪七年，慈禧忽患疾甚剧，征中外名医治之，皆无效。盖由误认血崩所致。惟薛福辰（福成兄）诊其脉，知为小产，乃投以疏瀹（yue）补养之品，奏效如神。"这段材料表明慈禧因小产而血崩，这就是说她也同武则天一样，有面首一类的男性服务者。

事情弄到这一步，慈安不会听不到风声。慈禧害怕慈安点破此事，又想到咸丰临终前同慈安的密谈更是心生恐惧。慈禧明白只要慈安还活着对她来说就是个永远摆脱不了的禁锢，遂起了杀心。慈安之死对奕訢不啻当头一棒，在宫内唯一能对慈禧进行制约的人不复存在了，"三人同治"便也不复存在。

"三人同治"互相制约虽说会降低效率，但可以减少决策中的失误；没有了制约、没有了互补，掌权者便更容易执迷不悟，一错再错，甚至还会把最后一点回旋的余地都给断送了。

毁光绪毁大清

从1864年清军攻克太平天国都城南京至中法战争爆发前的二十年，无论国际环境还是国内形势都为清王朝发展自身实力、实现"自强"提供了一个难得的机遇。遗憾的是，清王朝的决策者慈禧和奕䜣只满足于购置洋枪洋炮、建立军事工业，没能抓住这极为关键且永不复来的二十年。同时，他们把主要精力用于内部的权力之争上——两宫排挤奕䜣，奕䜣联合慈安遏制慈禧，慈禧与同治及其阿鲁特氏明争暗斗。慈禧利用一系列的内耗建立了个人独裁，清王朝不仅与"自强"失之交臂，也始终没有跨过从洋务到维新的关键一步。然而与中国仅一水之隔的日本，恰恰是紧紧抓住了这一稍纵即逝的机会，不仅挣脱了列强对自身的束缚，完成了明治维新，而且把侵略的魔爪伸向了它的近邻——朝鲜与中国。慈禧虽然很懂权术，但在应对国际形势上比恭亲王奕䜣差得多，所以她在大权独揽后，外交一误再误，终至铸成难以挽回的大错。中法之战及所签订的《中法新约》，就是慈禧在独权后外交的一大败笔。

　　光绪九年（1883年），中法战争爆发，清军恐怕"失和"而"退让"。光绪十年（1884年），法国舰队司令孤拔率领舰队分别开进福州和基隆。台湾军务大臣刘铭传率领守军扼守淡水，击退敌军侵略。第二年初，法军在水路进攻浙江镇海，在陆路进攻镇南关，清军获得"镇南关大捷"转败为胜。光绪十一年（1885年）四月，清朝"以胜求和""不败而败"，派李鸿章同法国代表在天津签订《中法新约》。

　　面对日本针对中国的扩军备战，慈禧不仅没有集中全国的物力、财力去经营在光绪二年成立的海军衙门，反而为了修复颐和园，通过主持海军衙门的醇亲王"挪用海军经费"。

同时，在处理险恶复杂的国际形势上，慈禧也出现了重大失误，即在中日甲午战争期间联合俄国牵制日本。国土辽阔且与中国接壤在万里以上的俄国，早就对中国构成了严重的威胁。俄国在"与中国接壤之境，每值勘界，则必侵入"。

19世纪60年代，俄国利用《中俄北京条约》，攫取中国黑龙江以北、乌苏里江以东包括库页岛在内的100多万平方公里土地。此后又把侵略矛头对准了中俄边境的西段，并在19世纪70年代，利用阿古柏在新疆的分裂活动、清政府忙于平定内乱的机会，出兵占领巴尔喀什湖以东以南及至伊塞克湖南岸200多公里一线的大片土地。此后则通过勘定中俄西部边界，使得侵占新疆的44万平方公里土地通过外交方式得到确认。

慈禧并未从日本咄咄逼人的气焰中感受到新的军事进攻威胁已经在即，反而把精力放在六十大寿的操办上。当日本侵略者把甲午之战强加到清王朝的身上时，慈禧却一心想避战，只是消极应对。伴随着《马关条约》的签订，列强瓜分中国的浪潮迎面扑来，而此时慈禧的心思却放在拖延归政上，在她的心目中，保住无限期的听政，比应付咄咄逼人的列强更重要。

但岁月如梭，转眼就到了皇帝亲政的年龄。光绪十三年（1887

年）正月十五日，光绪在太和殿举行大典，开始亲政，颁诏天下。

光绪二十四年（1898 年）八月初六日，慈禧重新垂帘训政，光绪

被囚禁，其间 12 年，为光绪亲政时期。

　　当时，对慈禧畏惧到极点的醇亲王奕譞深知太后最不能放下

的就是手中的权力，于是他以国事多艰为由，恳请慈禧继续训政。

但慈禧仍然不放心，所以将她娘家弟弟桂祥的女儿——比光绪大三

岁的叶赫那拉氏册立为皇后，以便能在光绪的身边安插一个耳目，

方便进一步操控光绪。

　　如果光绪的执政理念同慈禧一致，也许矛盾就不会那样尖锐。

毕竟从父系这边说慈禧是他的伯母，从母系那边论慈禧是她的姨

母，从名分上他是咸丰的过继儿子。但问题是光绪认为慈禧将近

30 年的政治经验已经难以应对当前的国际形势，必须改弦更张。

而慈禧权力欲过强，从北洋水师到军机处、总理衙门、督抚、都

统的任命都把持在她的手里。光绪被她束缚得寸步难行。

　　光绪的授课师傅翁同龢给了他很大的影响。

　　翁同龢虽然是咸丰六年的状元，但他却并不是书呆子，管过

户部，也在军机处、总理衙门当过差，有一定的从政经验。翁同

龢竭尽全力想为大清王朝培养出一位有作为的皇帝，一位使中国

走向自强的皇帝，而这就注定了光绪同慈禧在执政理念和措施上

存在差异。《马关条约》签订后，光绪在翁同龢的影响下开始同维新人士来往。

　　一向唯慈禧之命是从的光绪，竟让庆亲王奕劻转告慈禧："朕不能为亡国之君，若不予我权，宁逊位而已。"这实在太出乎慈禧的预料了，按照慈禧的性子，她恨不得立刻把光绪废了。但最终她决定欲擒故纵——表面上同意光绪变法，先由着他们去闹，等时机成熟了再收拾光绪以及支持变法维新的人。

　　事实上，慈禧并不是一开始就反对变法，光绪在变法初期，曾经颁布一个诏书——《明定国事诏》。光绪企图通过这个《明定国事诏》，把变法、改革确定为国家的根本政策。光绪颁布这份诏书的时候，请示过慈禧，当时慈禧不仅表示同意，还表现得相当激进。慈禧当时说"今宜专讲西学"，意思是说皇帝你不要变法吗，很好啊！

　　光绪把这个起草变法文件的任务，交给了自己的老师翁同龢，而且把慈禧的思想"今宜专讲西学"告诉了翁同龢。翁同龢觉得慈禧走得太远了，所以后来在诏书里还改了一下，在慈禧的意见上，做了一点折中，做了一点调和："以圣贤义理之学植其根基，同时又需要博采西学之切时务者，实力讲求"。他说我们首先要把中国的古代圣人的学问作为国家的基础，同时要把西方学问里边对我们有用的那部分东西学过来。但是慈禧的变法有一个底线，有一条不能够超越的界限。这个界限就是不能够损害慈禧本人的权力，不能够损害满洲贵族的利益，步子不能走得太快，而且最重要的是不能够涉及政治体制方面的改革。而恰恰维新派的改革与慈禧本人的权力和满洲贵族的利益发生了冲突，正是在这个情况下，慈禧决心镇压。

光绪进行戊戌变法时已经是 1898 年，此时日本的明治维新已经完成了 30 年；而西方列强又处于从自由资本主义向垄断资本主义转变的时期，进一步加强对殖民地、半殖民地的控制，国际环境已经不如 30 年前。更何况慈禧并未真正放权光绪，改革后期还有意废黜光绪。为此，维新党人决定由谭嗣同去说服曾经同"强学会"有联系的袁世凯派军队包围颐和园，迫使慈禧真正兑现归政皇帝的诺言。

然而袁世凯表面同意支持变法，私下却向上司荣禄告密。这对维新派来说是致命的一击，袁世凯的告密使得本来就举步维艰的变法彻底失败！

戊戌六君子被杀，康有为、梁启超流亡海外。慈禧发动政变，囚禁光绪、废除新法。慈禧认为只要改革触及她本人的权力，触及满洲贵族的利益，就是不能容忍的，无论改革是否有利于大清的发展。

随着列强对中国掠夺与奴役的进一步加深，民族矛盾急剧尖锐起来，慈禧与洋人之间的矛盾也日益凸显。戊戌变法失败之后，慈禧非常仇恨光绪，想把他废掉，但遭到各国驻华使节的反对；在慈禧镇压维新派时，英国和日本出面保护了维新派的领袖康有为、梁启超等人。

1900年，华北地区爆发了义和团运动，这个运动的口号是"扶清灭洋"。

有着习武传统的山东民众率先起来反对洋人教堂所进行的文化侵略与经济掠夺，之后遭到巡抚袁世凯的残酷镇压，便转移到直隶一带。

义和团为了避免在直隶遭到镇压的命运，便公开打出"扶清灭洋"的旗帜，这恰恰迎合了慈禧对洋人的愤怒。

慈禧觉得义和团可以利用，便支持义和团去同洋人厮杀。如果侥幸能灭灭洋人的威风，也出口心中的恶气；如果义和团敌不过洋枪洋炮，也可以借洋人的力量除掉肘腋之患，毕竟义和团已经到了京畿。

当义和团运动达到汹涌之时，引起了各国列强的强烈反对，战争一触即发，而此时慈禧却公然对八国宣战。此时朝廷上下，无人能对慈禧所做出的决定进行任何制约。慈禧的宣战诏书写得非常慷慨激昂，里面有这样的话："与其苟且图存，遗羞万古，孰若大张挞伐，一决雌雄……中国土地广有二十余省，人民多至400

余兆，何难剪彼凶焰，张国之威。"

　　可她的宣战却只是对着使馆人员，须知宣战后的局面则是极其严峻和难以应付的。慈禧太愚蠢了，没落的清王朝怎么可能是八国列强的对手呢？义和团的血肉之躯，怎么可能跟洋人的洋枪洋炮来相抵抗？慈禧此次在既"不知彼"也"不知己"的情况下宣战，实在是犯了兵家之大忌。就连慈禧最倚重的荣禄、李鸿章、奕劻、袁世凯以及地方有影响的督抚刘坤一、张之洞等也都反对打这场毫无准备的战争。但十几年的唯我独尊使得慈禧已经听不进任何逆耳忠言，只图一时痛快。就连当了将近两年哑巴的光绪，也在万般无奈的情况下开口说道，义和团全都是乌合之众，根本没有受过军事训练，"洋兵利，能以骨肉相搏乎？奈何以民命为儿戏？"但是所有的反对意见对于慈禧来说都等于零。从鸦片战争以来，清王朝都是被迫应战，可这次却是主动宣战，并且是同时向几个国家宣战，而且在宣战后，对于战略战术也都没有认真研究过。当时一位官员曾分析说："以一国而敌十数强国，危亡立见。"

　　独断专行，确实痛快了一时，但慈禧也为此付出了沉重代价。

　　当英、法、德、美、俄、日、意、奥八国联军以保护使馆的名义在大沽登陆后，慈禧决定出逃，逃得很狼狈。据内务府大臣说，出逃的前一夜，"老佛爷终夜未睡……寅刻，仓促着以昨日叫进农妇之服，以汉妆梳头……后进轿车三两赶入大内……"

8月4日，八国联军两万余人从天津向北京进犯。慈禧在8月10日下旨西巡，但因车辆准备不齐，迟迟不能动身。14日，联军先头部队攻占天安门，次日凌晨进攻皇城东华门，慈禧此时胆量全无，吓得直打颤。黎明时分，急忙带着光绪、皇后叶赫那拉氏等出神武门西逃。这一次她坚持挟持光绪逃到西安，并非关心光绪的安全，而是怕光绪在同洋人的谈判中得到权力。

由京城随后赶来随銮西行者，有部分王公大臣及兵勇数千人。18日，慈禧从怀来起驾，甘肃布政使岑春煊率威远军2000余人前来护驾。8月23日，慈禧自宣化起驾，继续西行。

30日，慈禧携光绪逃至大同。为缓解与洋人的矛盾，慈禧亲自下令屠杀团民，同时继续逃跑，直到西安方安置下来。

此时在八国联军占领下的北京，百姓饱受刀兵之苦，整个京城陷入一片血海，而逃到西安的慈禧，这时却一点脾气也没有了。

北京城里的洋人开具了一张"惩办"名单，但是为了中国的"体面"，首犯的名字没有提及，如果这些从犯得不到惩办，那么他们将自己去寻找首犯算账。慈禧很清楚，"首犯"指的就是她自己。

李鸿章得到了荣禄转达的消息：只要保住慈禧就什么都可以商量，于是便更加积极地贿赂俄国出面斡旋此事。外国人咬住除慈禧之外其他祸首的名字死死不放，不得已，李鸿章给慈禧去电，要求朝廷尽快从重惩办这些洋人心中的"祸首"，以阻止联军西进，为谈判创造条件。

　　慈禧被迫连续两次发布"惩办祸首"的谕旨，但都遭到了列强的拒绝。联军司令瓦德西甚至说，如果中国再不提出令各国满意的决定，联军就要进攻陕西，去捉拿真正的祸首！实际上洋人的军队在几个月前攻打山西娘子关的时候已经被清朝的军队击溃，但是他们却仍然仗着船坚炮利疯狂叫嚣。

　　正当李鸿章、奕劻左右为难之际，突然传来俄国准备监理东三省的消息，这引起了日、英、美等国极大的不安，再加上李鸿章年迈体衰，因过度劳累而病倒，这使得各国沉不住气了，他们不再坚持把"严惩祸首"作为和谈的先决条件，而是急于转向讨论议和的具体内容。

　　就这样，在西方圣诞节的前一天，八国联军加上西班牙、比利时、荷兰等11国公使将《议和大纲》交给了奕劻，列强要求清政府迅速答复。

　　1901年1月15日，李鸿章和奕劻遵旨在《议和大纲》上签字画押。知道自己已经时日不多的李鸿章想尽快结束谈判。他代表清政府要求各国早日撤军，但各国的态度是，必须亲眼看到祸首的惩办，必须把赔款的数额定下来，否则绝不撤兵。被逼进墙角的慈禧只得第四次发布了惩办祸首的谕旨，并于农历辛丑年正月初三开始执行。

1901 年 9 月 7 日，李鸿章、奕劻代表清政府与 11 国代表正式签订了《议和大纲》的"最后议定书"。因为这一年是中国农历辛丑年，所以该议定书被称为《辛丑各国和约》，简称《辛丑条约》。

《辛丑条约》索赔数额之多，到了白银 4.5 亿两，分 39 年还清，连本带利 9.8 亿两。签订这个极端不平等条约后，慈禧保住了权力，当她从西安回銮后，居然无耻地表态说："量中华之物力，结与国之欢心。"

第二年的 1 月 7 日，慈禧和光绪在新任直隶总督袁世凯的陪同下从保定坐上火车回到了北京。在慈禧一行刚刚回到紫禁城的那些日子里，北京被粉饰出一番太平盛世的景象，至此，在中国庚子年爆发的那场动荡终于结束了。

一切似乎又回到了以前，光绪依旧是慈禧手中的傀儡，"庚子拳变"把废立推上高峰，《辛丑条约》则又使废立偃旗息鼓。即使慈禧、光绪能在瀛台演出"遂母子和好如初"的一幕，但清王朝统治的土崩瓦解，已经是迟早的事。

困斗之兽，其行也哀

毋庸置疑，慈禧在太后垂帘听政的问题上，汲取了历代后妃预政的经验教训，她决定不重用娘家的兄弟、内侄，顶多把内侄女选为光绪的皇后。在军机处、总理衙门、海军衙门她所任用的是咸丰的兄弟或堂兄弟，因此无论是两宫垂帘，还是单独听政、训政甚至归政后发动戊戌政变，她都得到宗室亲王、近支皇族成员的支持。女主临朝能做到这份儿上也堪称一绝了。

　　实际上当慈禧从西安回銮后也把一些维新措施捡了起来，诸如废除科举、取消捐纳、颁布学堂章程、派遣留学生出国、设立练兵处，凡此种种，但是这并没超过当年洋务运动的深度与广度，而且为时晚矣，反清组织华兴会、兴中会、光复会等纷纷如雨后春笋般破土而出。

　　受到重创的慈禧也曾反思，她于光绪二十六年（1900年）十二月初十在西安的行宫内发布变法图强诏书，认为：应取外国之长，乃可补中国之短。并于次年春成立了督办政务处，作为推行新政的专门机构，派奕劻、李鸿章、荣禄、王文韶、鹿传霖为督办政务大臣，两江总督刘坤一、湖广总督张之洞遥为参预，大有"母子一心""卧薪尝胆"的架势。

　　然而，慈禧为一己之私利，扼杀戊戌新政，酿成了庚子之祸，错过了变法图强的有利时机，清王朝大失人心，虽欲挽救，但已无济于事。光绪二十七年（1901年）冬，慈禧与光绪一起取道河南，回到京城，采取了一系列新政措施，诸如废除武科，整顿吏治，编练新军，创办学堂，振兴商务。但是，这些措施都收效甚微。

面对日益高涨的革命运动，统治阶级中的一些有识之士，建议慈禧对封建政体进行扩大化改革，"仿英、德、日本之制，定为立宪政体之国"。发出这种呼吁的，既有汉族官僚，如孙宝琦、岑春煊、张之洞等要员，也有慈禧所信赖的满人官僚如端方等，这些接连不断的奏请引起了慈禧的深思与重视。

两害相权取其轻。富有行政经验的慈禧，经过反复斟酌，觉得与其被人革命，不如接受立宪。在中国东北发生的日俄战争中，日本大获全胜，而日本所奉行的正是立宪政体，这进一步促使慈禧倾向于立宪。

第二年夏天，出洋考察宪政的五大臣回国。为首的载泽迫不及待地向慈禧呈递密折称：实行立宪可使君位万世不变，皇位永固；可使外患减轻，列国之觑我者，转而敬我；可使革命消弭，自然冰消瓦解。并建议慈禧宣布立宪，只为明确宗旨。载泽是皇族近支，讲得如此娓娓动听，慈禧自然不能不作认真考虑。经过一个多月的反复琢磨，慈禧听取了各种人物的意见之后，于光绪三十二年（1906年）七月十三日颁布了审慎的上谕：

"时处今日，唯有及时详晰甄核，仿行宪政，大权统于朝廷，庶政公诸舆论，以立国家万年有道之基。但目前规制未备，民智未开，若操切从事，徒饰空文，何以对国民而昭大信？……俟数年后，规模粗具，查看情形，参用各国成法，妥议立宪实行期限，再行宣布天下。"

　　但是细读此谕，慈禧对立宪并不放心，仅将立宪一事视作巩固皇权、对付革命的手段。这就注定了慈禧在这方面绝不可能有大的作为。但是，说慈禧丝毫没有立宪诚意，纯粹玩弄骗局，也不符合历史事实，因为她为了巩固皇权，确确实实在严峻现实的逼迫下，一步一步地缓缓爬行。光绪三十三年（1907年），慈禧宣布厘定官制，除内阁、军机处及外务、吏、学部仍保留规制外，其余各部均有大幅度变动。夏季又派出汪大燮等人分别赴英、日等国考察宪政，同时设立了资政院，以为将来成立议院之基础，并要各省筹设咨议局。

　　然而，慈禧晚年的改革却受到许多方面的困扰，尤其是清廷上层争权夺势的斗争，满汉之间的离心离德，都使她心力交瘁，难于应付。她尤其担心北洋大臣袁世凯、湖广总督张之洞势力膨胀，尾大不掉。于是当年七八月慈禧将袁、张二人均调到中央担任军机大臣，实际上是明升暗降。

　　历史的发展是不以个人意志为转移的。慈禧为巩固大清王朝的长远利益，对立宪曾表示了一定程度的支持，但是步子迈得太小了，而历史的发展却迅猛异常。光绪三十四年（1908年）六月初，预备立宪公会郑孝胥、张謇、汤寿潜电请速开国会，以二年为限；随后，政闻社社员法部主事陈景仁奏请三年内开国会，并要求将态度消极的于式枚革职；七月十五日各省代表又联名上书宪政编查馆请立即开国会；次日山西代表的请愿开国会书签名，各省竟有两万人参与。形势发展之快，大大出乎慈禧所料。要求民主的呼声愈高，慈禧愈加感到君权受到威胁，她甚至有些后悔，当初不应该允许实行宪政，而现在却已是箭在弦上，大局难以控制。她在万般无奈的情况下，于八月一日下了一道懿旨：自本年起，务在第九年内，将各项筹备事宜，一律办齐，届时即行颁布宪法，召开议会。然而，这一纸空文难以平息愈来愈猛烈的立宪风潮。

自当年六月，慈禧开始患病，稍后又开始腹泻，虽经太医精心调理，仍是久治不愈，进入冬天后又感染咳嗽，头痛目倦，面目浮肿。十月十日是慈禧74岁生日，由于她疾病缠身，庆祝仪式改为只在内廷行礼。

慈禧终于到了残灯将尽的地步，她最不放心的是光绪，她必须让光绪死在自己前头。

在光绪身边侍卫多年的恽毓鼎在《崇陵传信录》中如实地介绍了光绪的处境：自从入宫"无母子之亲，无夫妇昆季之爱，无臣子侍从宴游暇豫之乐"，尤其从1898年戊戌政变被囚禁在瀛台以来，即使除去到西安逃难的一年多时间，也还有八年多的囚禁。他不是亡国之君，却连汉献帝都不如。

即位34年的光绪"无疾病……郊庙大祀必亲临，大风雪，无几微怠容，步稳而速，扈从诸臣常疾趋追随"，要让光绪"病"死在慈禧前面，的确不容易。

　　瀛台八年多的囚禁、饥寒交迫的日子、毫无亲情的囚徒生活都没能把他摧垮，他心底始终有个百折不挠的信念：要坚持到太后百年之后，实现自己振兴国家的抱负。从西安回京后依旧被囚禁在瀛台的光绪，"继续阅读有关中外书籍，甚至重新学习英语"……但大权在握的慈禧最终还是如愿以偿。

　　据一位给光绪送终的太医的后人在一篇回忆文章中说：他的先人在光绪驾崩后，回到家中所干得第一件事，就是如风卷残云般地扫荡着家中的食品——他已经陪同大行皇帝挨了好几天的饿了！

　　光绪的死因不言而喻。

　　慈禧所做的最后一件大事，就是要为大清王朝选择皇位继承人。基于当时的风雨飘摇、内忧外患，军机大臣建议选择年长者，慈禧竟愤怒地拍着床叱责。

　　结果霸道专横的慈禧早已经考虑好的人选却是不到三岁的溥仪。

　　至二十一日傍晚，光绪驾崩，三岁的溥仪正式登上皇帝之位，由摄政王载沣抱着朝见慈禧，年号定为宣统，兼祧光绪与同治。慈禧被尊为太皇太后。

　　就在光绪去世的第二天，光绪三十四年十月二十一日即1908

年 11 月 15 日,慈禧也不得不伴随着生命的终结而放弃把持了近半个世纪的权力。

慈禧在当日颁布最后一道懿旨:"特令摄政王载沣为监国,所有军国政事,悉秉承予之训示,裁度施行,现予病势危笃,恐将不起,嗣后军国政事,均由摄政王裁定,遇有重大事件,必须请皇太后(即光绪的皇后隆裕)懿旨者,著由摄政随时面请施行。"

由于她一直把主要精力用于对付已经亲政的同治与光绪、用于大权独揽,加上她的孤陋寡闻以及对世界风云缺乏最起码的了解,因而她给过继孙子溥仪留下的是一个无法挽回、即将灭亡的江山社稷。

慈禧不仅在紫禁城内挥霍无度,在陵寝的修建上也耗尽民脂民膏。慈禧与慈安的陵寝分别建在遵化的菩陀峪与普祥峪,均称为定东陵,各用去将近三百万两白银的巨资。虽然这已经相当可观,但慈禧为了体现自己独尊的地位,下令把菩陀峪定东陵的方城、明楼、三殿(隆恩殿及东西配殿)全部拆掉重建,整整用了 13 年的时间。重修后的慈禧陵寝,不仅在清东陵中是最豪华的,即使加上建在易县的清西陵,也是首屈一指。而慈禧下令重修陵寝时,正是 1895 年甲午战争期间。在国家生死存亡的关键时刻,不把资金用于增加或改进军事装备,而用于大肆重修陵寝,这样的统治者又怎么能真正实现富国强兵呢！至于随葬品数量之多、价格之昂贵，也令人惊诧不已。1928 年，军阀孙殿英以军事演习为名对慈禧陵寝中的珍宝进行公开劫掠，案件发生后，《爱月轩笔记》的作者就说过"慈禧的葬物若均追回，足以富国"。

　　慈禧不仅在生前有许多奇特的经历，而且在死后也有更令人难以置信的遭遇：她的遗体在长达 76 年的时间里，先后三次殓入同一口棺内。第一次入棺是在光绪三十四年（1908 年），那年十月二十二日未正三刻，慈禧走完了她 74 年的人生路程，撒手人寰。当天下午 4 时 30 分，掌仪司首领太监用鹅黄吉祥轿将慈禧的遗体从西苑仪鸾殿抬出，5 时 15 分到皇极殿，放在回床上。第二天上午 8 时 5 分，在隆裕皇太后和瑾妃的敬视下，将慈禧的遗体殓入了棺内。宣统元年（1908 年）十月初四日巳时，慈禧的梓宫葬入菩陀峪定东陵地宫。

　　第二次入棺是在慈禧死后的二十年，即 1928 年 7 月 4 日至 10 日。军阀孙殿英盗掘了乾隆的裕陵和慈禧的定东陵，毁棺抛尸，掠走了全部随葬珍宝。慈禧遗体被抛出棺外，嘴里的宝珠被抠走，仅剩下体的一条内裤。盗案发生后，溥仪派载泽、耆龄、宝熙等人到东陵进行了重新安葬。

　　第三次入棺是在 1979 年 2 月 17 日，清东陵文物保管所对慈禧地宫进行了清理。

慈禧是一个典型的封建时代的独裁者，她将天下一切都视为
自己的私有品。儿女是她的，他们的婚姻感情她要干涉，甚至生
命都任意剥夺；国家朝政大权是她的，决不允许别人插手；天下
的财物更是归她所有，为她所享受。为满足自己的私欲，她常常
置国家面临的经济、政治和军事危机于不顾，挥金如土，大肆挥
霍。她觉得生前拥有权势富贵还不够，还得为身后营建万年吉地，
这样即使到了另一个世界，还能继续享受尊崇和富贵。

功过争议

对慈禧这样一位如此重要又引来如此多争议的人物来说，很
难作出服众的评论。有人认为她是一个"浅薄无德的妇人，握定
中国命运达四十余年"，有人认为"西太后原是一个阴险狠毒，狐
狸其貌而虎狼其心的泼妇人"，也有人认为"观于在太后以前及
其同时代的人物，证以中国百姓之公论，则太后并非一残暴之君"。

这位咸丰的懿贵妃叶赫那拉氏玩弄权术堪称轻车熟路，应对
国际局势却总是一误再误；如果在洋务运动的基础上再向前迈一
步，她就会成为中国的明治天皇；遗憾的是她不仅未能迈出这步，
甚至还把试图迈出这步的人给扼杀了，使中国失去向近代转轨的

机遇；更可悲的是，为了泄私恨，在19世纪90年代还迷信起"刀枪不入"，结果是"扶清灭洋"终成虚话，而《辛丑条约》却实实在在地套在国民的脖子上；及至提出所谓"预备立宪"时，早已无力回天。

她是一个权力痴迷者，在权利纷争中果断冷酷；她是一个严厉的母亲，对儿子、媳妇单从个人好恶、一己之私出发，毫无温情，残酷地逼死了两个儿媳妇；她是一个没有政治眼光的太后，在世界大势面前缺乏应对智慧，反应迟钝，在列强面前一味妥协退让，将国家和人民推入深渊；她是一个奢侈腐化的人，为了个人享乐，可以将国家命运、人民困苦抛诸脑后……

她的身上承载了太多的骂名，甚至掩盖了本应被注意到的一些优点。

一、重用曾国藩、左宗棠、李鸿章等能臣，励精图治，出现了"同治中兴"的局面。慈禧垂帘听政初始，面对的是咸丰留下的内外交困、国库空虚、吏治败坏的烂摊子。慈禧与慈安和衷共济，励精图治，虚怀纳谏，整顿纲纪，重用曾国藩、左宗棠、李鸿章、奕䜣、奕譞等一批贤能大臣。经过几年的努力，内乱消平，外事相对无大麻烦，国家出现相对稳定时期，即所谓的"同治中兴"。

二、在她统治中国近半个世纪的时间里，一直牢牢地控制着国家的局面，掌握着最高统治权，国家没有出现地方割据的分裂局面。

三、破除满汉不通婚禁令，禁止妇女缠足。光绪二十七年（1901年）十二月二十三日，慈禧发布懿旨：

"我朝深仁厚泽，沦浃寰区。满汉臣民，朝廷从无歧视。唯旧例不通婚姻，原因入关之初，风俗、语言或多未喻，是以著为禁令。今则风同道一，已历二百余年，自应俯顺人情，开除此禁。所有满汉官民人等，著准其彼此结婚，毋庸拘泥。至汉人妇女，率多缠足，由来已久，有伤造物之和。嗣后搢绅之家，务当婉切劝导，使之家喻户晓，以期渐除积习。断不准官吏胥役藉词禁令，扰累民间。如遇选秀女年份，仍由八旗挑取，不得采及汉人，免蹈前明弊政，以示限制，而恤下情。将此通谕知之。"

光绪晓谕内阁将慈禧的这道懿旨颁发全国。

允许满汉通婚，劝导汉人妇女不缠足，在那个时代是一件大事，这对于加强民族团结和睦，推动社会进步，提倡人类文明，移风易俗，具有重大的现实意义和深远的历史意义。这不能不说慈禧做了一件善事、好事。

总之，慈禧的思想是保守的。她看不到当时世界发展的总潮流，人类科技进步的新动向，还依然像她的列祖列宗那样，以天朝大国自居，认为外国都是偏邦小国，来中国都应朝拜进贡。但她的这一思想并不是顽固到底、一成不变的。她也在慢慢地改变，逐渐接受新事物，如照相、安电灯、用电报、修铁路、坐火车等，这与当时朝中一些顽固守旧人物的思想相比，还算是比较开明的。

慈禧在执政的 48 年中，应该说是很勤政的，尽管在病中也坚持处理政务。她虽然掌握着生杀大权，但并没有像吕后残酷迫害戚夫人那样迫害其他妃嫔；没有像武则天那样对大臣惨加杀戮；也没有像吕后那样重用自己的家族，屠杀功臣；更没有像晋惠帝的皇后贾南风那样淫乱无度，滥杀无辜，祸乱朝政。

慈禧颇有一套驭人之术，将王公大臣操纵于股掌之间。即使像恭亲王奕䜣、曾国藩、李鸿章等名望素著、权倾朝野的大臣，在慈禧面前也俯首帖耳、五体投地。

慈禧的爱好和志趣也很广泛。她"性耽文学，深于历史"。她对书法、绘画都很感兴趣，并且有一定的造诣。她酷爱京剧，而且颇为内行。

慈禧这样一个个性如此鲜明的人物，她在男权世界里把女人做到了极致，风风光光，扬眉吐气；她在政治世界里游戏，得到了无限的尊崇，也留下了千古骂名。

由于在慈禧统治期间，中国内忧外患不断，加上传统对于女性执政的偏见，过去对慈禧的评价几乎完全是负面的。近来，史学界逐渐开始有人从历史条件局限的观点，对慈禧当政提出较为公平的评价。尽管如此她在大多数人的心中，依然是一位负面人物。

对慈禧的正面评价：

慈禧是帝制时代中国极少数长期当政的女性，政治手腕堪称高明，尤其擅长操弄亲贵朝臣之间的权力平衡，以维系清廷的绝对权威。

慈禧当权时期，清廷的中央集权以及中国主权面临来着自内部及外部的种种威胁，她从捍卫清帝国权威及其本身权力的立场出发，所作之举措虽不尽成功，但放在历史脉络下做持平之论，多数算得上是合理。自鸦片战争以来，面对欧美列强以及太平天国等民间的反抗势力，慈禧重用李鸿章、张之洞等能臣，在地方上开办洋务运动，这是中国发展近代化工业的开始。在洋务自强运动成果的支持下，清廷得以弭平内部反抗势力，在帝国体制下维系中国相对稳定的局面，并且建立了近代化陆海军军备，造就"同治中兴"。

在庚子年一场大祸之后，慈禧意识到时局已不容她坚持帝制传统，即所谓的"祖宗成法"，只好容许清廷推展多种新政措施。

庚子后新政牵涉多端，其中荧荧大者包括：官制改定、代科举以新式教育，甚至立宪准备；社会改革方面，显著者有：废除满汉不通婚禁令，禁止妇女缠足等。

此外，慈禧娘家人除袭"承恩公"一虚爵外，并无人能干涉朝政。相对当时一人得道、鸡犬升天的歪风，慈禧于这方面尚算公私分明。

对慈禧的负面评价：

在个人人格方面，慈禧从宫廷斗争中夺得政权，素有残忍和狡诈之名。1861年咸丰驾崩于承德避暑山庄后，成为皇太后的叶赫那拉氏，联合恭亲王奕䜣等皇室近支，发动了政变，从以皇室远支怡亲王载垣、郑亲王端华为首，实际以能臣肃顺为核心的顾命八大臣集团手中夺得政权，并将其中三位（载垣、端华、肃顺）处死。后来为建立及维系其独裁权力，慈禧皇太后对于政敌之整肃绝少留情，即使对亲生儿子同治，以及继位皇帝光绪的操控及管制，也是高压严峻之极。

从中国国家主权的角度出发，许多人对慈禧当政的结果做出负面评价。1885年在对法战争中赢得镇南关大捷，并成功阻止法军登陆台湾的优势局面下，却以主动求和、签订令清帝国丧失安南宗主权的《中法天津条约》来结束战争。此外，令中国丧失重大利权的 1895 年《中日马关条约》、1901 年《辛丑和约》等之缔结，肇因于 1894 年中日甲午战争之战败，以及 1900 年"庚子拳乱"之大祸。慈禧的执政及决策，于此两大事件之发生，均有不可推卸之责任。

还有，在"同治中兴"的太平表象下，慈禧的铺张浪费，以及对于国际时局缺乏认识，是导致甲午战争战败的原因之一。其中最显著的事例为花费巨资扩建颐和园用以庆祝自己的六十大寿，给包含海军军费在内的国家财政带来无建设性的负担。甚至在战败签约、割地赔款之后，1895 年又大兴土木，重新修建自己的陵墓，整个工程长达 13 年之久；重修的慈禧陵虽成为清代最豪华独特的皇家陵寝，然而耗资巨大，放在清代国事日非的历史脉络下加以检视，更凸显出慈禧重视个人虚荣以及清廷威仪甚于国家、民族兴衰的贵族心态。

许多批评者认为，慈禧对于李鸿章等汉臣的重用，以及对于洋务运动的接受，均是出于维系清廷统治的现实需要，而非出于真心支持。因其本身的保守心态及揽权私欲，慈禧表面上虽让光绪于 1894 年起亲政，并容许皇帝及一班主张维新的臣僚在 1898 年实施变法，实际上对于政局的掌控及干涉却从未放松。终于，帝后两党之间的矛盾冲突在一场帝党方面仓皇筹划的流产政变中爆发；

慈禧大权在握，在守旧派亲贵朝臣以及近畿军权的支持下，顺势从光绪手中收回政权。于是，史称"百日维新"的一系列政治改革实验，尚未实施，即戛然中止；嗣后朝政愈趋保守，对于当时中国的近代化革新造成强大的阻力。

受到戊戌政变的影响，慈禧排斥维新改革，并宠信端王载漪、刚毅等守旧亲贵，甚至考虑撤换光绪；载漪之子溥俊因而被立为大阿哥，实同储君，因为忌惮光绪为欧美日列强一致支持，不敢骤废。载漪为求其子早日登基，乃利用慈禧对"洋人"的嫉忌之心，极力离间帝后。就这样，朝中形势乃逐渐演变为非理性仇视"洋人"的守旧亲贵、结合保守的清流派，对抗主张务实的朝臣之局。

在端王等当权亲贵的纵容，甚至暗助之下，以仇外起家的"义和拳"乃得以大举进入直隶、进迫京畿，形成一股"逼宫"的形势。慈禧虽未必相信拳民"神力护体"之说，但她也未必不能洞悉端王夺权的阴谋，可出于本身对于外人反感的心理，且认为"民气可用"，终于酿成拳民残杀"教民"、攻击外国人、杀死德日外交人员等事故，引起八国联军干涉之祸。

在这种情况下，慈禧又误信各国欲迫其退位的假情报，负气残杀主张通过外交途径解决危机的大臣，并率尔对多国宣战，至此大势就全无转圜余地。

联军入京，祸及华北多省，帝后西狩，终以缔结《辛丑条约》解决；和约规定惩办祸首、谢罪赔款、使馆区驻军、军备限制等，并造成日俄军队长驻满洲的局面，中国的主权以及清帝国的威望均蒙受重大损失。事件发展的过程中，慈禧的诸般考量，均以个人权位为重，结果严重损害了国家利权以及无辜人民的生计，堪称其主政期间最大的过失。

庚子之变后，清政府进行了一系列被后来的历史学家称为"清末新政"的改革措施。慈禧作为当时的最高统治者，是"清末新政"的领导者，所以现在有些学者对于慈禧也有了新的比较高的评价。但其实当权者慈禧一开始不想改革，是迫于形势，才不得不同意改革的。

1906 年，慈禧废除运行了 1000 多年的科举制度。这虽然是很有革命性的举措，但同样也是被迫的，况且这并不能算是她的功劳，废科举是维新变法的一项主张，其之基础是清末康有为等进步的知识分子共同努力的结果。晚清政府废除科举后，新式教育开始兴起，不过晚清时新式学校很少，直到清王朝垮台后，新式学堂才真正兴办起来。

尽管慈禧是一个复杂的人设，但是我们首先应该从一个国家统治者的角度来审视她，很明显，在关系国家和民族利益方面慈禧的决策是存在重大失误的，中国因她而错失了立宪改革的时机，与现代化失之交臂。即使她有着若干优点，终究难以弥补其过错。

第五卷　同治皇后阿鲁特氏：

才自清明志自高，生于末世运偏消

风光的状元女儿

　　有人统计，从顺治三年（1646年）到光绪三十年（1904年）的258年中，朝廷共举行过科举殿试112科，取中状元114名（有的书说113科，状元113名）。在这114名状元中，只有一名状元的女儿有幸坐着凤舆，堂堂正正地进入大清门，穿过天安门、端门、午门，抬进了坤宁宫，与大清皇帝喜结良缘，成为母仪天下的中宫皇后。这位状元就是大清"立国二百数十年，满、蒙人试汉文"唯一获得状元桂冠的蒙古状元崇绮。这位状元的女儿就是后来被谥为"孝哲毅皇后"的同治皇后阿鲁特氏。

　　阿鲁特氏生于咸丰四年（1854年）七月初一日辰时，她的家族世代官宦，隶属于蒙古正蓝旗。她的祖父赛尚阿在嘉庆年间中举，曾为大学士，后任道光年间兵部尚书兼刑部尚书，可谓权倾一时。1851年，太平天国运动爆发，赛尚阿以钦差大臣的身份入广西镇压太平军。由于太平军攻势凌厉，从广西一直打到湖南，赛尚阿由此被革职。她的父亲崇绮在道光二十八年（1848年）即中举，因受祖父赛尚阿株连，亦被免掉工部主事的职位。同治三年（1864年），崇绮重新参加科举考试，再次金榜题名，并夺得一甲一名高中状元，后担任翰林院修撰。因为崇绮是有清一代唯一的"蒙古状元"，又是有清一代满洲、蒙古获翰林院编修的第一人，所以满蒙士林，皆以其为荣。

美满姻缘

据一些清代笔记记载，咸丰三年（1853 年），取消了选秀女的制度。

同治十一年（1872 年），为了给 17 岁的皇帝完婚，同治的嫡母慈安与生母慈禧把满朝文武官员家待字闺中的女孩子都理了一遍。同治将在农历二月初二这一天择定皇后及妃嫔的人选。慈安看中了淑静端慧、容德俱佳的崇绮之女阿鲁特氏，而慈禧则看中了年轻俏丽、姿性敏慧的刑部江西司员外凤秀之女富察氏。两人各执己见，最后只好由同治自己决定，结果同治采纳了慈安的意见。同治虽然青春年少，但也懂得选择皇后应该以德为先，决定立状元崇绮的女儿、比他大两岁的阿鲁特氏为皇后。此事表明了慈安在宫中、在同治心中的崇高地位和影响力。但是这个决定惹恼了慈禧。因此阿鲁特氏还未入宫，就已经让慈禧非常不满了。

按照惯例，在皇帝大婚、选立皇后的同时，还要选出一批妃嫔备位后宫。这次同治大婚时，选了四位女子为妃嫔，她们是知府崇龄的女儿赫舍里氏、原任大学士赛尚阿之女阿鲁特氏（崇绮的幼妹同时也是皇后的小姑）、主事罗霖的女儿西林觉罗氏和员外郎凤秀的女儿富察氏。这四人中，17 岁的赫舍里氏最漂亮；年龄最小的是富察氏，只有 14 岁。慈禧将四人分为三等，只将富察氏一人封为慧妃，将赫舍里氏和阿鲁特氏封为瑜嫔和珣嫔，将西林觉罗氏一人封为瑨贵人。慈禧故意突出了富察氏的尊贵地位，因为这是她相中的人。

次日，两宫太后即向全国颁发了懿旨："……翰林院侍讲崇绮之女阿鲁特氏，淑慎端庄，著立为皇后，特谕。"

崇绮之女被选为皇后，阿鲁特氏整个家族都受益匪浅。她原本所属的蒙古正蓝旗是属于下五旗，因为与皇家联姻，被抬为属于上三旗的"镶黄旗"，她的父亲崇绮也因此被封为三等承恩公，从此官运亨通，先后任内阁学士、户部侍郎、吏部侍郎等职。

婚礼定于同治十一年（1872 年）九月十四日举行，在大婚之前，皇家需向皇后家"大征"，意即下聘礼。日子定在八月十八，礼部尚书灵桂为"大征礼"的正使，侍郎徐桐为"大征礼"的副使，取意"桂子桐孙"，希望这位新皇后能够为大清王朝带来更多子嗣。聘礼礼单包括 200 两黄金，1 万两白银，金银茶筒、银杯，1000 匹贡缎，再加 20 匹配备了鞍辔的骏马。

只有在即位前没有结婚的皇帝才能举行大婚典礼，算起来也就是顺治、康熙举行过这样规模的典礼。因此同治这场大婚是有清一朝二百年来之未遇，大婚典礼极其繁琐而隆重，盛况空前，锣鼓喧天，花团锦簇。

九月十三日，恭亲王的福晋和醇郡王的福晋也就是同治的两位姊母，将阿鲁特氏大婚所需的红盖头和宝瓶放入坤宁宫，宝瓶内装满金银米谷，以示吉祥如意。婚礼当日，两位福晋便带领各位女官戴凤钿、穿蟒袍、挂朝珠至皇后家迎接新皇后。

九月十五日子时一到，钦天监的官员立即向外报吉时，四位福晋率内务府的女官开始为阿鲁特氏改换装束：梳双髻、戴双喜如意、身穿大红的龙凤同和袍，一手握玉如意、一手握苹果（象征如意、平安），坐进16人抬的婚轿进宫。

在钟鼓齐鸣声中，乘坐凤舆的阿鲁特氏进了乾清门即大清门，从此，她不再是一位普通的女子，而是大清国的皇后，母仪天下，管理六宫，并且还将是未来大清王朝皇帝的嫡母。

她在两位福晋的搀扶下跨出轿门，同时接过醇亲王福晋递过来的"宝瓶"，小心翼翼地跨过意为"平平安安"的苹果和马鞍，在福晋引导下站定，与同治一起等待典礼的开始。

九叩礼毕后，两人在坤宁宫举行了合卺礼（喝交杯酒），吃了名为"子孙饽饽"的饺子。礼毕后，一位福晋为阿鲁特氏重新梳头，将双凤髻梳为扁平后垂的"燕尾"。

这一场豪华的婚礼，一共花了1130万两白银。尽管不少朝廷官员都在同治大婚前上过奏折，希望在内忧外患的特殊时期能够节俭办理婚事。大学士倭仁还特地上了《大婚典礼宜崇俭疏》，这个奏折在朝廷内外引起不小的震动。倭仁认为国家的经费是有定量的，如果宫廷用得多，军备势必就会少。时局艰难，实在应该"可省则省，可裁则裁。总以时事艰虞为念，无以粉饰靡丽为工"，劝慈禧放弃奢靡，考虑节俭。

紫禁城里的婆媳矛盾

阿鲁特氏进宫之后，与同治的夫妻感情十分融洽，但婆媳关系却很是紧张。不管阿鲁特氏如何小心，都不能讨得慈禧的欢心。慈禧喜欢的是慧妃，为了给慧妃撑腰，不惜破坏皇家礼制。慧妃仰仗慈禧，对阿鲁特氏大有不敬不恭顺。

据记载，阿鲁特氏"雍容端雅""美而有德"，且文才好。皇后幼年在家，崇绮亲自授课，其读书聪颖，十行俱下，"后幼读书，知大义，端静婉肃，内外称贤。及正位六宫，每闻谏阻，自奉俭约，时手一编"。

阿鲁特氏的父亲崇绮端雅，工诗善画，多才多艺，文化造诣极高。阿鲁特氏出生于这样的文化家庭，受父亲的教导和熏陶，文化修养也很高。有书记载，阿鲁特氏"幼时即淑静端慧，崇公每自课之，读书十行俱下。容德甚茂，一时满洲、蒙古各族，皆知选婚时必正位中宫"。阿鲁特氏受父亲影响，字也写得很漂亮，因其能用左手写大字，备受时人称赞。《清宫词》里有一首赞美阿鲁特氏的诗：

《咏阿鲁特氏》

蕙质兰心秀并如，花钿回忆定情初。

珣瑜颜色能倾国，负却宫中左手书。

珣、瑜指珣妃阿鲁特氏和瑜妃赫舍里氏，意思是珣、瑜二妃虽有倾国倾城之美貌，但在文才上却逊于善长左手写字的中宫皇后。阿鲁特氏喜好文学，对那些有名的唐诗均能"背诵如流"。平时她"气度端凝，不苟言笑"，"曾无亵容狎语"，颇有母仪之风。然而这样一位优秀出众的皇后却不能讨得婆母慈禧的欢心，在宫中受尽了虐待和凌辱。

皇帝大婚就意味着亲政的来到，而留恋权力的慈禧并不愿意交出权力。虽然同治是慈禧所生，但慈禧感觉同治和慈安的关系更密切，而且同治在亲政之前就曾联合慈安，悄悄地杀掉了慈禧最宠爱的太监安德海。给同治选皇后，慈禧并不愿意选个能干的，以免影响她对权力的控制，偏偏同治再一次地倒向慈安。如果慈安、同治、阿鲁特氏三个人联合起来对付自己，那岂不是太被动。在这种认识下，慈禧把怨气通通都发泄到无辜的阿鲁特氏身上。

　　同治在新婚以后，有了阿鲁特氏的良好影响，变得成熟不少。阿鲁特氏觉得自己有义务让天子真正担当起治理天下的职责，因此她以女性的温柔和耐心，潜移默化地影响着同治。婚后的同治，出于对阿鲁特氏的敬意和爱，果然对政事更加上心。

　　阿鲁特氏和同治大婚时洞房里的油灯，加上了上好的蜂蜜，寓意夫妻俩将来能够好似"蜜里调油"，果然大婚后两人的感情有过之而无不及。

　　婚后，同治去得最多的地方是皇后的寝宫，偶尔也会去一去瑜嫔寝宫，慧妃寝宫去得很少。为此，慈禧经常把同治叫到自己所居住的长春宫教训一番，她甚至明里暗里要求同治少去皇后寝宫，多去临幸慧妃："慧妃贤慧，虽屈居在妃位，宜加眷遇。皇后年少，未娴宫中礼节，宜使时时学习。帝毋得辄至中宫，致妨政务。"阿鲁特氏听说后，无比悲伤。

　　慧妃出自世代簪缨的富察家族，隶属满洲上三旗的正黄旗，是满洲"八大贵族"之一，之前她的家族里也曾出过皇后，也就是乾隆皇帝的孝贤纯皇后。此后，富察家接连产生出将入相的人物，傅恒、福康安就是这个家族的名臣，堪称是椒房勋戚。这样的家族是阿鲁特氏根本无法比的。所以说慈禧对于慧妃的偏宠，也可以说是慈禧对于一个家族倚重的策略。我们从慈禧对于光绪珍妃初期的态度和对咸丰丽妃的礼遇可以推知，她很清楚皇帝所谓的宠爱并不具有实质意义，而她的态度，却是对于皇宫之外的这位宫妃娘家势力的一种表示。

相比之下，阿鲁特氏的娘家原本属于"下五旗"，而且还是郑亲王端华的外孙女——端华是咸丰临死时任命的赞襄政务八大臣中的主要成员之一，是慈禧的死对头，后被慈禧以朝廷的名义赐死。慈禧即便只是出于自保，防止郑亲王家族东山再起秋后算账，也不可能喜欢阿鲁特氏。

那么阿鲁特氏其实缺乏的还是娘家的势力——她原本所属的蒙古同治正蓝旗是属于下五旗，是因为和皇帝联姻才被抬为属于上三旗的"镶黄旗"，她的父亲崇绮也因此才被封为三等承恩公，才得以先后任内阁学士、户部侍郎、吏部侍郎等职。而这些都是皇后的身份带来的，因此其家族本身并不具有为她起支撑作用的力量。

可同治却偏偏不看重家世，而是看重德与才，看重书香门第出身的阿鲁特氏。同治的一番真情厚意让阿鲁特氏深深感动，为了爱情，阿鲁特氏决定委曲求全。她主动劝同治多去其他妃子的住处，少来自己的承乾宫，以求后宫太平。

　　慈禧与慈安并尊两宫皇太后，共同处理朝政大事，但由于慈安秉性温和，一向谦恭退让，而慈禧却处处争强好胜，所以在处理家事、国事上，只要无碍朝政大端，一向以慈禧的意见作定夺。在为同治选立皇后时，慈禧满有把握地以为同治会按照自己的意愿选立员外郎凤秀的女儿富察氏为皇后，万万没有想到同治竟会遵照慈安的心意，选中了侍讲崇绮的女儿阿鲁特氏，这使慈禧大为恼火。为了发泄自己一肚子的火气，慈禧一方面干预阿鲁特氏与皇帝的夫妻生活，对她百般挑剔，多方虐待；另一方面对落选的富察氏处处偏爱，给予优厚待遇，甚至不惜破坏祖制家法。

　　按照惯例，所有妃、嫔的册封礼应与皇后的册立礼同日举行。可是同治大婚，只安排慧妃的册封礼与皇后的册立礼同日举行，将瑜嫔、珣嫔的册封礼安排在一个月后举行。同治十三年（1874年）十一月十五日，慈禧将慧妃直接晋封为皇贵妃，连升了两级。

　　富察氏晋封为皇贵妃刚一个月，慈禧又以她"侍奉大行皇帝夙昭淑慎"，晋封她为敦宜皇贵妃。清朝后妃制度自康熙朝完善以后，皇贵妃的封号字数最多为两个字，可是慈禧在光绪二十年（1894年）正月初一日，以这一年是她的六十大寿为由，封富察氏为敦宜荣庆皇贵妃，富察氏成为有清一代皇贵妃封号字数最多的一位。惠陵妃园寝内为同治的四位妃嫔分别建了地宫，上建宝顶。遵照慈禧的旨意，慧妃宝顶被安排在前排正中之位，其他三位的宝顶在后面，一字排列。慧妃的地宫为石券，另外三人的为砖券，故意突出慧妃的地位。

慈禧觉得将慧妃券座安排在园寝前排正中，似乎还不能表达对她的厚爱，于是几次降旨，欲将惠妃园寝提高规格，仿照清朝妃园寝等级最高的景陵皇贵妃园寝和慕东陵的规制，增建方城、明楼、宝城、大宝顶、东西配殿，还要增设石五供。清朝陵制：只有帝、后陵才设石五供，而且标准规制的妃园寝不建方城、明楼、配殿等。后来由于一些王公大臣的暗中抵制，加上实际施工的困难，不得不收回成命，谕令按定陵妃园寝规制办理。

阿鲁特氏自小饱读经书，按照书上的说法，长辈与晚辈如果不和，不管什么原因，晚辈都有责任。因此阿鲁特氏认定，婆婆慈禧不喜欢自己，是自己做得还不够好，尽管慈禧的无端怪罪，总让这个可怜而无辜的皇后更加战战兢兢、如履薄冰。

每当阿鲁特氏委婉且违心地劝同治多去咸福宫陪慧妃时，同治的心里就很不是滋味。虽然他知道阿鲁特氏的良苦用心，但他贵为天子，自小任性惯了，现在居然连喜欢哪个女人都不得自由随心，因此老大不痛快。

对于慈禧的话，同治不得不听，但又不想与他不喜爱的慧妃亲近，所以干脆就独居乾清宫。新婚的阿鲁特氏独居宫中，形单影吊，郁闷不乐。慈安便时常将她召到钟粹宫，和她谈心拉家常，百般安慰。

同治这种举动，是在跟所有的人赌气。哪里都不去，既不让阿鲁特氏为难，也能让慈禧和慧妃无可奈何。他觉得很得意，认为自己找到了一种办法来反抗慈禧、惩罚慧妃，还让慈禧无话可说。只是阿鲁特氏心疼丈夫，因为这样，最苦的是同治本人。而且长此以往，慈禧还是要怪罪阿鲁特没有尽到做皇后的职责，致使皇上任性妄为，冷落六宫。

果然，处于青春期的同治不甘于一个人守着偌大的宫殿熬漫漫长夜。他开始微服出宫，浪迹花柳之地，以寻欢作乐来打发内心的凄苦、发泄胸中的郁闷。

同治自从搬到乾清宫，就很少再到承乾宫里来。阿鲁特氏也同样痛苦着，失落着，郁闷着……

虽然同治不到承乾宫，但是慈禧对阿鲁特氏的脸色也没有阴转晴。崇彝写的《道咸以来朝野杂记》载：一次，慈禧萌发了要废掉阿鲁特氏皇后之位的想法。于是将担任宗人府宗令的咸丰的五弟惇亲王召来，商议此事。惇亲王奕誴说：“欲废后，非由大清门入者不能废大清门入之人，奴才不敢奉命。”慈禧欲废阿鲁特氏之心才作罢，但却由此深恨奕誴。

　　为了缓和与慈禧的矛盾，阿鲁特氏只得从同治处下功夫，想办法改变。同治每次到承乾宫来，阿鲁特氏都会婉转地劝他多顺着慈禧，不要让他的母亲生气，也不要让她这个做媳妇的为难。

　　同治自小同生母的关系就不太融洽，母子不和已经是公开的秘密。但为了不让阿鲁特氏夹在中间为难，同治开始讨好慈禧，为此，他办了两件大事。第一件事就是将每年孝敬两宫太后的"交进银"大幅度增加。"交进银"是户部每年孝敬两宫太后的银两。以往每年为14万两，从同治十三年（1874年）起，每年增至18万两。同治此举打的是两宫的幌子，其实完全是为了讨好慈禧。因为慈安喜静，素来节持有加，分内的钱都用不完，但慈禧却爱打扮、爱听戏，爱游玩，每年开销巨大。第二件事就是不顾朝廷上下的议论纷纷，同治提出了重修圆明园。自英法联军烧毁圆明园后，慈禧一直想重修。

　　早在同治八年（1869年），御史德泰在安德海的授意下，奏请两宫太后重修圆明园，并有内务府官员贵祥送上了早已准备好的捐纳章程。那一次的奏案遭到了恭亲王奕䜣的强烈反对，德泰被革职，贵祥被发配到黑龙江为奴，慈禧只好作罢。

　　此次同治再次提出重修圆明园，马上遭到包括师傅李鸿藻在内的大臣的反对。朝臣均以军需增大、无钱为理由，大有不奉圣旨之意，但同治重修圆明园的决心并未因此动摇。阿鲁特氏觉察到同治的良苦用心，他希望慈禧能长期住进圆明园离紫禁城远一点，这样可以多给皇后一点权力，也多给自己一点自由，让他们可以自由地相亲相爱。这是一份多么可怜又是多么感人的爱情！阿鲁特氏不禁潸然泪下。

　　但这样一来，同治和大臣之间的冲突不可避免地到来了。

　　恭亲王奕䜣联合五位军机大臣和五位御前大臣，上了一份长长的奏折劝谏同治。同治那日极其失态，因为恭亲王奕䜣的劝谏触及了他的个人隐私。寻花问柳对有身份的人来说，绝不是光彩事，当然更不是一个勤政爱民的君主应当做的事。同治虽然平日倦怠政事，但却非常爱惜自己的声誉。

　　慈禧坐山观虎斗，当同治闹到要罢免恭亲王奕䜣时，老辣的慈禧却把同治给痛斥了一番。同治的反击，与其说是表达对停修圆明园的不满，不如说是发泄私生活的秘密被揭穿的难堪。

正宫皇后的穷途末路

　　很快，同治就病倒了。开始说是出红斑，接下来又传出出天花。数日后，说天花已经好了，"唯余毒未尽"，这未尽的"余毒"其实就是花柳脏病的代名词。由于"余毒挟湿，袭入经络"，同治腰部红肿、溃烂以至流脓，余毒的蔓延使他的"牙龈黑糜"，最终同治没能挺过这一关。

阿鲁特氏恨不得一天十二个时辰都在病榻旁伺候同治，可慈禧不允许。在慈禧看来，同治病到这个地步，都是阿鲁特氏的错。

阿鲁特氏自入宫以来，处处小心谨慎，毫无失礼之处，但慈禧见到她，总是气不打一处来，事事找茬儿。同治有病，阿鲁特氏心中着急，但不敢去侍奉，慈禧责怪她"妖婢无夫妇情"。同治病势垂危之际，阿鲁特氏偷着去看望，并亲手为同治擦拭脓血，慈禧又骂她"妖婢，此时尔犹狐媚，必欲死尔夫耶？"阿鲁特氏左右为难，怎么做也讨不出好来。据《崇陵传信录》记载，阿鲁特氏终于有了一次单独看同治的机会了，夫妻俩四目相望，千言万语却不知道从何说起。眼见曾经相敬如宾的丈夫已经病到万难康复的地步，阿鲁特氏的眼泪就像断了线的珍珠滚落下来。同治心中更不是滋味，他强打起精神安慰阿鲁特氏说："你暂且忍耐，总有出头的日子！"这短短的一句话却被慈禧的耳目听到了。慈禧闻讯，勃然大怒，立刻闯进宫来，一把揪住阿鲁特氏的头发，迎面就是一个耳光。

《我的前半生》也有记载，同治病重，皇后阿鲁特氏前去养心殿探视，二人说了些私房话，被慈禧知道了。慈禧怒不可遏，闯入暖阁，"牵后发以出，且痛挞之"，并叫来太监备大杖伺候。

　　阿鲁特氏从未顶撞过慈禧，这次却不明就里地受到如此责罚，就这样，她在情急之下说了一句："我是从大清门进来的，请给媳妇留一点体面。"这是一句传颂甚广的话，此语大大触怒了她的恶婆婆。

　　慈禧是偏妃出身，不可能享受从大清门里抬进来的荣耀，阿鲁特氏的话无意触到了她的伤疤，她一边打，一边往外拽，并扬言要备大杖伺候，要给这个从大清门里抬进来的人一点颜色看看。只有出身低贱的婢女和太监才会使用杖责，现在慈禧却要用此责罚皇后。

　　慈禧当时完全是暴怒，在她看来，这位从小就被作为未来中宫之主教养（很多史书记载说，这位状元女儿早就是人所不敢高攀的，从小就被断言将为一朝皇后，因此她的父亲也是按照皇后的规格来教育、抚育她的）的皇后根本就瞧不起这位出身庶妃的太后婆婆，所以说，慈禧认为"大清门"之语与其说是阿鲁特氏被"逼到墙角"的反戈一击，不如说是心里早就这么想的结果。

　　病床上的同治欲救不能，眼睁睁看着皇后惨遭凌辱，又急又气又害怕，竟昏了过去，这才让阿鲁特氏免除了刑罚。

　　本来同治已经病入膏肓，经此惊吓愈发衰弱，已经朝不保夕，但他在死之前把皇后的后半生安排好。病到这个份儿上，他最恨的就是自己的母亲，如果当初她不干涉自己的婚后生活，自己又怎会落得如此地步！同治设法把身边所有的侍从支开，偷偷叫来了阿鲁特氏和他最信任的师傅李鸿藻。

同治问阿鲁特氏对嗣君有何考虑，阿鲁特氏明确表示："国赖长君，实不愿居太后之虚名，拥立稚子，贻误宗社。"

听了阿鲁特氏深明大义的表述，同治如释重负，便向李鸿藻口述遗诏，立贝勒载澍为皇太子。

洋洋数千言的遗诏草稿拟好之后，同治要李鸿藻回去好生修改润色，拿出正式文本，第二天送回。

李鸿藻虽与同治有很深的感情，但他很清楚得罪慈禧会有什么后果，经过一番掂量，权衡利弊得失，他还是把遗诏草稿交给了慈禧。

慈禧见到遗诏，立刻将其扔到火盆销毁。同时，她蛮不讲理地认定，若非阿鲁特氏的教唆，同治不会做出如此决定，而阿鲁特氏"国赖长君"的表态分明是冲着她慈禧来的。慈禧暗中咬牙，只等同治一过世，就要下狠手收拾阿鲁特氏。

阿鲁特氏性格耿直，不善逢迎。她认为自己是堂堂正正从大清门迎娶的皇后，只要自己行得端、做得正，没必要阿谀奉承、溜须拍马。而且，她有意无意地几次刺激、激怒慈禧，致使矛盾更加尖锐。一次，阿鲁特氏陪慈禧看戏，"演淫秽戏剧，则回首面壁不欲观，慈禧累谕之，不从，已恨之"。阿鲁特氏此举一来表现得不听话，不顺从；二来反衬出慈禧好淫乐，格调低俗，从而加深了慈禧对她的怨恨。

阿鲁特氏身边的人劝她要处处讨慈禧欢心，要善逢迎，只有和皇太后搞好关系才能保住自己的位子，否则于己不利。阿鲁特氏则表示："敬则可，则不可。我乃奉天地祖宗之命，由大清门迎入者，非轻易能动摇也。"慈禧是通过选秀女进入皇宫的，最忌讳别人提从大清门而入，大清门是她心头永远的痛。有人将阿鲁特氏的话偷偷地告诉了慈禧，慈禧勃然大怒，认为阿鲁特氏是故意蔑视自己，因而对皇后阿鲁特氏"更切齿痛恨，由是有死之之心矣"。

李鸿藻一去不回头，同治开始感到事态不妙。他连急带病，不久就生命垂危了，可慈禧却在此时下达"尽断医药饮食，不许任何人入乾清宫的命令"。终于同治怀着对阿鲁特氏的无限牵挂驾崩了，时为同治十三年（1874年）的十二月初五。

慈禧给了同治生命，却又无情地摧残了他的幸福与青春，甚至是生命。而凭借儿子当上太后的慈禧，却在儿子死后依旧赖在太后的宝座上，继续垂帘听政。

同治皇帝死亡之谜

一般都认为同治是由于生活放纵得了不洁之症，才年纪轻轻

就过世了。有史记载"小说淫词，秘戏图册，帝益沉迷"，同治
常去崇文门外的酒肆、戏馆、花巷。野史记载："伶人小六如、
春眉，娼小凤辈，皆邀幸。"又记载同治宠幸人监杜之锡及其姐：
"有奄杜之锡者，状若少女，帝幸之。之锡有姊，固金鱼池娼也。
更引帝与之狎。由是溺于色，渐致忘返。"

据记载，醇亲王奕譞曾经泣谏其微服出行，同治质问从哪里
听来的，醇亲王奕譞怫然语塞。他又召恭亲王奕䜣，问微行一事
是听何人所言，答："臣子载澂。"同治微行，沸沸扬扬，既不
能轻信说其有，也不能断然说其无！

同治十三年（1874 年）十二月初五日，同治崩于养心殿。关
于同治因何而死，一直有如下三种说法，即死于天花、死于梅毒、
死于天花和梅毒并发症。

死于天花说，主要是根据历史档案和翁同龢日记。翁的日记
记载同治于十月"二十一日，西苑着凉，今日（三十日）发疹"。
十一月初二日，"闻传蟒袍补褂，圣躬有天花之喜"。又记载"昨
日治疹，申刻，始定天花也。"初九日，召见御前大臣时，"气
色皆盛，头面皆灌浆泡饱满"。上谕云："朕于本月遇有天花之喜，
经惇亲王等合词吁请静心调摄"云云。经学者研究清宫历史医案
《万岁爷进药用药底簿》后认为：同治系患天花而死。在同治得

了天花以后，太医公布病情与药方，宣布同治之病为"天花之喜"。慈禧暨文武大臣对同治之病，不是积极地寻求新医药和新疗法，而是依照祖上传下的规矩，在宫内外进行"供送痘神"的活动，敬请"痘神娘娘"入养心殿供奉。宫内张挂驱邪红联，王公大臣们身穿花衣，按照"前三后四"的说法，要穿七天花衣。同治的"花衣期"延长为"前五后七"，就是可望12天度过危险期。慈禧、慈安两宫太后，还亲自到景山寿皇殿行礼，祈求祖先神灵赐福。内务府行文礼部，诸天众圣，皆加封赏。一身疮痍的同治，在皇宫求神祭祖的喧嚣中离开了人世。他死在养心殿，这里恰是他的祖先顺治被天花夺去性命的寝殿。《崇陵传信录》记载："惠陵上仙，实系患痘，外传花柳毒者非也！"近年专家们发现了御医给同治看病的《脉案》。医学史专家对相关档案进行了认真分析，结论是同治死于天花。

死于梅毒说，也主要是根据历史档案和翁同龢日记。野史中也有载述，《清宫遗闻》记载，同治到私娼处，致染梅毒。翁同龢日记十一月二十三日："晤太医李竹轩、庄某于内务府坐处，据云：脉息皆弱而无力，腰间肿处，两孔皆流脓，亦流腥水，而根盘甚大，渐流向背，外溃则口甚大，内溃则不可言，意甚为难。"二十八日又记："太医云腰间溃如碗，其口在边上，揭膏药则汁如箭激，丑刻如此，卯刻复揭，又流半盅。"二十九日再记："见御医为他揭膏药挤脓，脓已半盅，色白而气腥，漫肿一片，腰以下皆平，色微紫，看上去病已深。"李慈铭日记也记载："上旋患痛，项腹皆一，皆脓溃。"但他又说："宫廷隔绝，其事莫能详也。"但清宫史专家指出，清朝的典章制度是非常严格的，皇帝私白从紫禁城里出去寻花问柳，是没有什么可能性的。另一种意见却认为，同治重修圆明园计划遭百官反对而失败后，百般无聊，便在太监引导下，微服出宫，寻欢取乐。当时外国人可能已知同治之病，如美国公使给本国政府的报告说，"同治病若以西医及科学方法诊治，决无不可医治之理，决非不治之症"。然而，同治是一国之君，太医开方要经过严审，出于为君者讳，是不能公布病症实情，也不能按病开方，下药不对症，医治无疗效。

死于天花梅毒说，也主要是根据历史档案与文献资料推断。御医诊断同治的症状是：湿毒乘虚流聚，腰间红肿溃破，漫流脓水，腿痛盘挛，头颈、胳膊、膝上发出痘痛肿痛。这种看法认为：同治或先患天花未愈而又染上梅毒，或先患梅毒而又染上天花，两种疾病并发，医治无效而死。

民间对于同治死因有种种说法，清朝官方则保持沉默，不予申辩。因此，同治到底是死于什么病，成了一个历史疑案。

《清史稿·穆宗本纪》对同治这样论述："冲龄即祚，母后垂帘。国运中兴，十年之间，盗贼划（chǎn）平，中外乂安。非夫宫府一体，将相协和，何以臻兹！"同治年间，内处"太平军"与"义和团"

两大社会动荡之间，外处英法联军与八国联军两次入侵之间。太后垂帘，亲王议政，宫府一体，尚能协和，推行新政，有一定成效。

　　同治在 6 岁到 14 岁期间，每天都要到养心殿摆摆样子，应景做皇帝。他还要抽出半天时间，到弘德殿读书。同治从小没有得到严父的教育，母后皇太后与圣母皇太后都没有文化，不得教育皇子读书的要领。她们常在重华宫漱芳斋传膳、听戏，没有给同治以文化的熏陶。同治贪玩，不爱读书，"见书即怕"，不好学习，没有长进。他的师傅教他学习看奏折，但他"精神极散"听讲奏折也极不用心。他的伴读奕详、奕询，本意在陪同读书、互相激励、彼此切磋，实际上往往是代其受过，起到"杀鸡儆猴"的作用。在课堂上，"无精神则倦，有精神则嬉笑"，实在是一个顽皮的学生。同治到十七八岁的时候，"折奏未能读"，连"在内背《大学》皆不能熟"。

　　同治就其个人来说，出生在帝王之家，享受着"普天之下莫非王土，率土之滨莫非王臣"的独尊荣光，过着"钟鸣鼎食"的生活，没有兄弟竞争便顺利地登上皇帝宝座，这是他人生的喜剧。但是，同治也有人生的悲剧——他短暂的不足 20 年的人生，就有六大不幸：幼年丧父是为第一大不幸！童年担当社稷重任而不能享受正常童真快乐是为第二大不幸！同圣母皇太后关系不好是为第三大不幸！婚姻不如意是为第四大不幸！无子无女是为第五大不幸！

十九岁便早亡是为第六大不幸！

生不同衾死同穴

同治死后，慈安、慈禧急召惇亲王奕誴、恭亲王奕䜣、醇亲王奕譞，孚郡王奕譓，惠郡王奕详、贝勒载治、载澂、奕谟，御前大臣伯彦讷谟祜、奕劻、景寿，军机大臣宝鋆、沈桂芬、李鸿藻，内务府大臣英桂、崇纶、魁龄、荣禄、明善、贵宝、文锡，直弘德殿徐桐、翁同龢、王庆祺，南书房黄钰、潘祖荫、孙诒经、徐郙、张家骧入养心殿西暖阁，商议立储，以醇亲王之子载湉——既是同治的堂弟，又是同治的姨表弟，入继文宗（咸丰），为嗣皇帝。

虽然此次会议是以两宫太后的名义召开，但其实完全是慈禧的主意。清廷迅速立咸丰的侄子——醇亲王之子载湉为幼帝，年号光绪。就这样，在慈禧的淫威下，同治的皇后失去了当太后的资格。

有野史说，此时阿鲁特氏已身怀龙种。就在慈禧决定兄终弟及，立同治的堂弟载湉为帝之后，崇绮曾试探地请示慈禧：如何安置同治的皇后？

从慈禧的嘴里只蹦出两个字："殉葬！"

慈禧的话惊得崇绮目瞪口呆，但他也只能照办。他送给阿鲁特氏一个空食盒，暗示女儿绝食而死。

　　关于慈禧为什么不喜欢阿鲁特氏，最后将她逼上绝路，还有其他一些说法。

　　有人说因为阿鲁特氏是郑亲王端华的外孙女。端华是咸丰临死时任命的赞襄政务八大臣中的主要成员之一，是慈禧的死对头，后被朝廷赐死。慈禧因而迁恨阿鲁特氏。

　　还有人说，慈禧闻知阿鲁特氏怀了孕，怕生皇子，立为嗣，阿鲁特氏就成了皇太后，自己就不能垂帘听政了。

　　还有人说，慈禧怕阿鲁特氏把自己违背同治遗诏立皇子的秘密揭发出来，故将她置于死地。

　　面对着父亲送来的空食盒，阿鲁特氏当然悟出父亲的意思，也非常明白这就是慈禧的懿旨，摆在她面前的只有一死，无论她愿意还是不愿意……就连父亲也来催她上路了。同治的遗诏消失了，李鸿藻出卖了同治和阿鲁特氏，慈安也不会为阿鲁特氏而得罪慈禧。阿鲁特氏并不是贪生怕死，但在同治去世后她才发现了自己已怀孕。同治从生天花到去世一共是一个月零五天，而这时阿鲁特氏完全没有发觉自己怀孕；虽然这时已经立了光绪，但她还是想把同治唯一的骨肉生下来，万一是个阿哥，大行皇帝也就有后嗣了；她相信慈禧一旦知道自己怀上同治的骨肉，起码也会让她活着把孩子生下来。

但阿鲁特氏想错了，慈禧对于唯一的儿子留下的遗腹子，也同样绝情到极点，正因为阿鲁特氏怀有身孕，慈禧恐其生男孩，将来继承大统，自己不能垂帘听政，故逼其死。

就这样，阿鲁特氏渴望孕育新生命，在努力活下去的时候，她的身体完全恢复到正常状态，只要给她正常的生活条件，一个新生命就将如期而至，但慈禧依然不许给阿鲁特氏进御膳，她就是要把阿鲁特氏活活饿死！

光绪元年（1875 年）二月二十日，也就是同治去世后的 75 天，饱经磨难的年轻的阿鲁特氏咽下了最后一口怨恨之气，带着未出世的孩子走了。漫长的 75 天的煎熬和折磨……阿鲁特氏的身孕越发明显，当她永远地闭上眼时，她的小腹完全显现出那个未出世的孩子，无言地告诉世人，这一切是多么的罪恶！《清代名人传略·载淳传》中对阿鲁特氏之死有如下一段评述："根据许多记载，皇后当时正怀有身孕，假如是个男孩，她当然会成为太后——摄政的皇太后无疑要防止此事发生……人们谈论起来都对孝钦（即慈禧）极为不满……"

是的，在慈禧的心目中，权力永远比亲情更重要。

同治十三年（1874 年）十二月五日，同治英年早逝。14 天后，两宫皇太后发出懿旨："皇后作配大行皇帝，懋著坤仪，著封为嘉顺皇后。"

光绪元年（1875年）二月二十日寅刻，阿鲁特氏"遽尔崩逝"，死于储秀宫，年仅22岁，距同治死仅75天。

除以上说法外，还有学者认为阿鲁特氏是自杀的，原因有两个：一是靠山已无，生路渺茫。同治是阿鲁特氏唯一的靠山和希望。在同治活着的时候，尚备受慈禧的虐待和凌辱。同治死了，靠山也就倒了，生活的希望破灭了。

二是处境尴尬。同治死后，按常理，慈禧应该为同治立嗣，但慈禧却立同治的堂弟载湉（也是慈禧的外甥）为嗣皇帝，承继咸丰为子，这样一来，皇太后是慈禧而不是阿鲁特氏。这就将阿鲁特氏置于处境尴尬的皇嫂之位，既不是皇太后，又失去了原来中宫皇后拥有的权力和尊贵地位。她在同治死后没有顺理成章地变成皇太后，而载湉今后长大后又要有新的皇后，那她夹在中间又算什么呢？这是有清以来从来没有出现过的角色，这在客观上把阿鲁特氏推向了绝路。

阿鲁特氏死后被封为"嘉顺皇后"，谥号：孝哲嘉顺淑慎贤明恭端宪天彰圣毅皇后。既然她已经不能对慈禧的垂帘听政构成任何威胁，慈禧也以赏赐一点点哀荣来让自己看起来不至于太难堪。

慈禧专门为已故的阿鲁特氏下了两道懿旨，用来表彰她的嘉德懿行。懿旨当中措辞恳切，大有为自己的儿媳伤怀之意。也许只有地下的"嘉顺皇后"最清楚，她的婆婆是一个怎样的女人。

这个谨守妇德的阿鲁特氏若不是卷进了同治的立嗣风波，或许不至于被逼死。但是，即使她能够活下来，也绝对斗不过擅弄权术的慈禧，尽管她是满腹经纶的状元之女。

阿鲁特氏死后与同治合葬于惠陵地宫。在生前，他们的共枕而眠总是受到慈禧的干扰，如今在另一个世界总可以享受同穴而眠的恬静了。

阿鲁特氏死亡当天，两宫皇太后谕内阁："嘉顺皇后于同治十一年作配大行皇帝，正位中宫，淑慎柔嘉，壸仪足式。侍奉两宫皇太后，承颜顺志，孝敬无违，上年十二月痛经大行皇帝龙驭上宾，毁伤过甚，遂抱沉疴，遽于本日寅刻崩逝，哀痛实深。"这是清廷官方公布的死因，但说得含糊不清，难以让人信服。

慈禧立光绪为嗣及阿鲁特氏之死，在政坛上所引起的唯一一点波澜就是吴可读的尸谏。担任吏部主事的吴可读没有谏言的权力，虽然他可以通过高级官员把自己的奏折转呈上去，但由于奏折内容是指责两宫皇太后（实际主要是指责慈禧）搞兄终弟及、未给同治立嗣之事，话题太敏感，找不到愿意为他承担风险的人，于是他决定采取自杀的方式来表达对慈禧等人的不满，以此要求慈禧把光绪将来的第一个儿子作为同治的子嗣……吴可读之死，给死寂的政坛投了一颗小小的石子，但所掀起的浪花旋即消失。

一代贤后暴毙之谜

　　阿鲁特氏年仅22岁，平时也没有什么病，怎么会突然死去呢？很显然不是正常死亡。关于她的死因，在当时就众说纷纭，莫衷一是。概括起来，有四种说法。

　　一、吞金而死。这种说法比较广泛，影响较大。

　　二、绝食而死。《李鸿藻先生年谱》载："其后之崩，盖绝食也。"《清代纪事年表》《庸盦笔记》等也持这种说法。

　　三、吞鸦片而死。《清室外纪》持这种说法。

　　四、服毒药而死。《德宗承统私纪》如此记载。

　　阿鲁特氏的突然死亡，也引起了西方列强的注意。西方对于阿鲁特氏之死也有他们的说法。

　　根据官方公布的文件，这位皇后死于悲痛，"毁伤过甚，遂抱沉疴"，官方的评价很高，说她正位中宫后，"淑慎柔嘉，仪足式。侍奉两宫皇太后，承颜顺志，孝敬无违"。悲痛是可以想见的，而一个22岁的健康年轻女子，会因悲痛过度而死亡，则是比较离奇的。

　　以《纽约时报》等为代表的西方媒体，乐于从权力斗争的角度来解读这位皇后之死，而其立足点就是阿鲁特氏其时身怀有孕，慈禧为了一己的权欲，居然连亲生的孙子（或孙女）都不顾，迫害皇后致死。

中国本土产的野史，除进行了更有中国特色的解释——"婆媳是天敌"之外，也将焦点聚集在权力斗争上：阿鲁特氏将是慈禧干预政治的竞争对手之一。各种段子综合起来看，基本说的是同治死后，慈禧便有逼死阿鲁特氏的打算，逐渐断绝了她的饮食供应，阿鲁特氏无奈，写信给娘家，其父回信只有四字"皇后圣明"。阿鲁特氏知道娘家也没办法了，只好自杀身亡。关于她的自杀，有说是吞金，有说是绝食。

当后世将所有的指责都指向慈禧时，一个美国学者却发出了惊人之语：所有这些罪恶，都可能是恭亲王奕䜣的阴谋。

难道说迫害阿鲁特氏的凶手就是恭亲王吗？

美国学者西格雷夫（Sterling Seagrave）在他那本极为畅销的慈禧传记《龙夫人》（Dragon Lady）中，提出了一个大胆的假设，如果说同治、阿鲁特氏、荣安公主的一连串离奇死亡背后有阴谋的话，那最大嫌疑人不是慈禧，而是恭亲王奕䜣。

西格雷夫首先排除了慈禧"作案的动机"：无论如何，阿鲁特氏能够成为同治的皇后，必定是经过慈禧的首肯；而自己的孙子（如果阿鲁特氏真怀孕的话）能继位，对慈禧的地位不仅没有伤害，而且还将"给她在下一代中的安全提供保证"。其实，西格雷夫没有提到，作为太皇太后，并不必然丧失自己的权力，清代初期的孝庄太后，就是以太皇太后的身份，在其孙子康熙皇帝的早期，成为执掌实权的摄政者。太皇太后摄政的难度，并不比皇太后摄政的难度高多少，两者都是同样的权宜之计而已，关键在于政治力量的平衡。

西格雷夫还引用了一个此前没被人关注的细节：就在一连串死亡发生的时候，慈禧本人也身染重病，并且持续了8年之久。加拿大华裔学者邝兆江（Luke S. K. Kwong）在其由哈佛大学出版的英文著作《百日维新的碎片》（A Mosaic of the Hundred Days）中，考证了慈禧一直患有严重的肝病。而在1875年美国驻北京公使馆发回美国国务院的报告中，明确地说："（慈禧）太后，两位摄政者中更有权势的一位，也病得很厉害……数月以来，（慈禧）病得如此厉害，以至于街头百姓中每天都有人预期她会死掉，甚至有好几次谣传她已经死了。"

据此，西格雷夫问道："到底是谁给慈禧所有的直系家庭成员下了毒呢？恭亲王毫无疑问有最强烈的动机，但他并不会弄脏自己的双手。如果真的有必要下狠手的话，自有李鸿章这把老练的解剖刀替他完成这项秘密的外科手术。"而他认为，恭亲王奕訢的动机在于，"同治已经给亲王带来了十年的麻烦和阻碍，恭亲王的恼怒可能转嫁到了慈禧头上，怪她没有对儿子采取强硬手段，因而牵涉了亲王自己的利益……无论是谁做出了这样的安排，总归是有人决心要干掉同治，还有他的皇后、他的母亲和他的异母姐姐，就好像是为下一拨食客匆匆打扫宴会的餐桌"。

奕䜣的性格是绵里藏针的，在阴柔的外表下，却是一种果决，这在其打倒肃顺等"八人帮"及解散阿思本舰队时展露无遗。

清朝道光皇帝的第六子、大名鼎鼎的恭亲王奕䜣，既是当日中国最反动最保守的社会集团——皇室的骄子，又是新时代的弄潮儿。他既在竭力地扶植和挽救大清江山，又在瓦解和破坏它的根基；他既忠于咸丰和慈禧，又经常与他们抵牾和争吵；他标榜礼义，却又疏于礼义；他热爱并精通中华文化，却又热情地迎接世界工业浪潮的到来；他深深地热爱祖国，却时而出卖主权。

咸丰十年（1860年），英法联军进攻北京，咸丰逃往承德，奕䜣临危受命，担任议和大臣。他主持了议和以及大量的善后事宜赢得了西方对他的好感，为他以后的外交活动创造了条件。在议和期间他笼络文祥（户部侍郎）、桂良（文华殿大学士）、宝鋆（总管内务府大臣）、胜保（副都统），形成了一个新的政治集团。这是他通过议和捞到的政治资本。

咸丰去世后，奕䜣成为实力派人物。1861年，他协助慈禧，发动辛酉政变，将军机处换成文祥等人，全面地控制了中枢机关。

一方面，他被授予议政王大臣，在军机处担任领班大臣；另一方面，他又身兼宗人府宗令和总管内务府大臣，从而全面控制皇族事务和宫廷事务大权。他以总理各国事务衙门王大臣的职务主管王朝外交事务，自此总揽清朝内政外交，权势赫赫。

19世纪60～90年代，奕䜣支持曾国藩、左宗棠、李鸿章等大搞"自强""求富"的洋务运动，兴办军事工业额民用工业，中国近代化从此起步。奕䜣奏请两宫皇太后重用曾国藩，与列强极力维持和局，借师助剿，终于镇压了太平天国运动，赢得了"同治中兴"，奕䜣亦获得"贤王"美称。

奕䜣的声名鹊起引起了慈禧的不安，于是慈禧利用一切机会对他进行打压，使得奕䜣一直浮浮沉沉数十载。慈安去世后，奕䜣的处境更为艰难。宦海的反复浮沉磨平了奕䜣往日的棱角，挫折了他的锐气，直到最后遇到大事他再也提不出应对的策略了。

光绪十年（1884）三月十三日，慈禧借口奕䜣"萎靡因循"免去他的一切职务，奕䜣集团全班人马（武英殿大学士宝鋆、吏部尚书李鸿藻、兵部尚书景廉、工部尚书翁同龢）被逐出军机处和总理各国事务衙门。光绪二十年（1894年），奕䜣又被起用为总理衙门大臣，并总理海军、会办军务、内廷行走，但毫无作为。光绪二十四年（1898年）奕䜣病故，终年66岁。谥"忠"。

难逃噩运的母家

阿鲁特氏是一个政治方向比较正确的女人，她实际上是同治立储事件的参与者与牺牲者。她"不愿挟太后虚名"，希望实现"国赖长君"，这对于同治选储抉择产生了巨大影响。其次，阿鲁特氏是作为"反面人物"的"反对派"出现的。她的光明磊落正好反衬出慈禧的阴险狡诈。因此阿鲁特氏受到了历史的褒扬和后人的同情。

阿鲁特氏作为一个弱者，遭受了极其悲惨的命运。贵为中宫皇后却不能与皇帝相守，年轻守寡却不得不殉情，而所有的悲剧都来自一个强大的恶婆婆。这与她之前的一个苦命女子刘兰芝一脉相承，相信自小就饱读诗书的阿鲁特氏一定能背诵长诗《孔雀东南飞》。然而她说什么也没有想到，自己贵为母仪天下的皇后，也落得一个同样悲情的结局。

天地间，云水连，离愁别恨一线牵。莫道浮云遮，回首悠悠一千数百年。恩爱三两年，可恨别离在眼前。憔悴了好华年，泣泪成血湿春衫。弱女子，莫感叹，空有无限冤和怨，只是有谁怜？鸳鸯晓梦残，有情人双双离人间，写下长恨一卷卷。

阿鲁特氏死了，可是她家族的故事还在继续。她的父亲崇绮在女儿死后不久被免去吏部侍郎的官职，后外放出京，屡遭贬谪。光绪十年（1884年），因朝中缺人，才得以回到京城，任户部尚书。

女儿的惨死让崇绮受到很大的刺激，回京城后，他更加小心谨慎，对允许自己回京的慈禧愈发感恩戴德。

从光绪十一年（1885年）起，阿鲁特氏的这位状元父亲在政坛再次崛起，历任武英殿总裁、吏部尚书、考试阅卷大臣等职。

光绪二十四年（1898年），戊戌政变后，慈禧开始筹划废黜光绪，另立新帝。第二年，她决定册立端郡王载漪之子为"大阿哥"，作为同治的继承人。光绪二十五年（1899年）为乙亥年，因此史称"乙亥立储"。

同治有后，即意味着阿鲁特氏也有了子嗣。唯慈禧马首是瞻的崇绮自然得到了慈禧的赏识，慈禧任命他到弘德殿担任师傅，专门教未来的天子"大阿哥"读书。慈禧打算于庚子年即1900年的元旦废黜光绪，让"大阿哥"继位，改年号为"保庆"。

虽然"戊戌变法"失败了，但是光绪却赢得开明士绅的同情。各国公使出于利益的考虑也不希望"改元"。最终来自舆论的压力使慈禧的"大阿哥"登基计划终未能实现。

光绪二十六年（1900年），义和团运动爆发，义和团"扶清灭洋"的口号让西方列强深为不满，但是慈禧对各国阻止她废黜光绪更是怀恨在心。国家的安危、百姓的生命，在她眼里远不如个人脸面来得重要，任何违抗她的人，都应该受到她最严厉的处罚，洋人也不能例外。

出于此种考虑，在侥幸和报复的心理驱动下，慈禧决定利用义和团对抗英美等国。当时朝中大有人反对这种做法，但崇绮从一开始就非常坚决地站到了慈禧一边。历经宦海沉浮，他已经非常清楚，只有跟紧慈禧，才能飞黄腾达。更何况"大阿哥"未能如期继位、"改元"对他也是个沉重的打击，他毕竟是同治的老丈人，"大阿哥"名义上的外祖父。

可义和团"刀枪不入"的神话终会破灭。这年八月，英法等八国联军攻占北京，慈禧携光绪和一些王公大臣仓皇离京，逃往西安。慈禧离京之前，任命崇绮为留京办事大臣。

在北京城抵挡了一段时间后，崇绮终因实力不济，随荣禄败退到保定，住居莲池书院。洋人的残酷杀戮让他觉得光复失地无望，自己最终难逃其咎，于是留下"圣驾西幸，未敢即死，恢复无力，以身殉之"的遗书自缢身亡。崇绮的长子及其全家在京师陷落时，也继父亲之后自杀身亡。《清史稿·崇绮传附崇绮妻传》记载："崇绮妻，瓜尔佳氏，先于京师陷时，预掘深坑，率子、散秩大臣葆初及孙员外郎廉定，笔帖式廉容、廉密，监生廉宏，分别男女，入坑坐瘗，阖门死难。"

想当初，崇绮中状元、嫁女儿是何其的风光，而最终却落得一个后继无人的下场。生活在多事之秋，个人的命运已经很难掌握在自己手里。

第六卷 珍妃：风流灵巧惹人怨，多情帝王空牵念

　　容貌出众的她，性格中有些许的傲气，即使是在自己被推下井的那一刻。这一封建王朝的悲情故梦，虽然在她死后殊荣极大，却终究是将芳魂丧送给了紫禁城那口冰冷的井。碧水一池，人寂花落，更深月疏清影凄。缱绻泪，千般苦绪有谁知？本是秀峦山青，浴水芙蓉；奈何行云传恨，爱锁梧桐。本是江山如画，美景天骄赋玲珑；奈何光影如斯，凛冬不与春夜同。本是红霞落日，轻舞倩影揽双双；奈何黄昏柳暗，雨夜珊阑恨无常，一段生死情，泪尽离别殇。

豆蔻少女初入红墙

　　珍妃，他他拉氏，礼部左侍郎长叙之女，满洲镶红旗。长叙有三子、五女。长子、次子、长女、次女、三女均为原配妻子所生；三子、四女、五女皆为妾生。四女儿就是后来的瑾妃，五女儿就是后来的珍妃。瑾妃生于同治十三年（1874 年）八月十五日，珍妃生于光绪二年（1876 年）二月初三日。

　　19 世纪末的广州城，外商云集，风气开明。珍妃和她的姐姐（即后来的瑾妃）自幼跟随伯父长善在这个开风气之先的城市长大。长善虽为满人，却特别喜欢中原文化，经常与汉人当中的名士切磋交流，最常来内府的客人就有于式枚。而光绪时被录为榜眼的文廷式，则是幼年珍妃、瑾妃的启蒙老师。文廷式不同于旧式官宦家庭延请的西宾，只教女学生初通文字，谨守妇德，以便更好地相夫教子，而是大胆地提出了：教育之最要处是重视"小学"和"妇学"。他认为一个人是否可以成材，关键在于他在青少年时代是否受到良好的教育，这就是小学。同时，女性的教育也非常重要，读书不是男人的专利，还要"使妇人日以学问为乐"。女性可以提高孩子的素质，进而提高整个民族的素质，这就是妇学。但非常遗憾的是，中国的母亲，在社会风气和传统的压力下，十之八九都是文盲。"妇学不明，则小儿之幼学已误"，母亲受教育程度过低导致孩子早期教育的不足。

这种从女性入手提高整个民族素质的思想，对现代人来说很是平常，而在提倡"三从四德""三纲五常"的清末，对年纪尚小的珍妃来说，无疑是振聋发聩。父兄的宠爱，师长的开通，让她从小就跳出了"女子无才便是德"的古训。

光绪十三年（1887年）冬，光绪在体和殿选秀女。在层层选拔之后，还剩下最后5名备选的秀女。其中，有慈禧的亲侄女，还有江西巡抚德馨的两个女儿以及礼部侍郎长叙的两个女儿。

光绪十四年（1888年）农历十月初五，礼部左侍郎长叙接到朝廷懿旨，册封他的两个女儿为光绪的瑾嫔、珍嫔，于是姐妹二人从已经相当开化的广州被送到泥古不化的京师。

这一年，瑾嫔15岁，珍嫔13岁，都已是妙龄少女。珍嫔白皙无瑕，五官清秀俊美，而且聪明伶俐，性格开朗。瑾嫔稍逊于其妹，但也称得上美人。光绪二十年（1894年），因慈禧太后六旬大寿加恩，得嫔为妃。

而这也是她们姐妹人生悲剧的开始。

在选皇后这样的问题上，有了阿鲁特氏的教训，慈禧特别希望皇后是自己的心腹，这样既可以在管理后宫时少些障碍，又可以借此继续控制皇帝，因此，慈禧特意选了自己的内侄女小名唤作静芬的叶赫那拉氏为光绪的中宫皇后。

帝后宠爱于一身

珍妃是姿容曼妙、气质卓然的东方女性，在死寂的紫禁城里是一束温暖的阳光。宫廷的生活虽然珠环翠绕，荣华富贵享受不尽，但是清规戒律让人感到窒息和压抑，珍妃的出现让紫禁城的空气轻松了很多。最开始，就连慈禧都非常喜欢这个俏丽活泼的小姑娘，觉得她身上有自己年轻时候的影子，赞叹她的欢笑给冰冷后宫带来生气，甚至在珍妃入宫的初期，慈禧赐予了她"兰贵人"的称号，可见其对珍妃的喜爱。慈禧在得闲时也喜欢到中南海北

海、颐和园、圆明园、静宜园等处散散心，很多时候，她都会叫
上珍妃，因为珍妃的天真无邪能为平素安静的皇家园林增添许多
欢笑和快乐。

珍妃心灵手巧，大字写得非常漂亮，这让慈禧非常欣赏。后
来相当长的一段时间里，逢年过节，慈禧都让珍妃代自己写"福"字、
写"寿"字，赏给大臣。宫廷里礼节繁琐，每逢祭祀或大典，请安、
磕头的礼数数不胜数，与皇后屡屡出错相反，珍妃不仅一学就会，
还做得落落大方，这让慈禧在心里又添了一层满意，她甚至开始
让珍妃在身旁侍奉自己批阅奏章。

年轻的光绪本来就不喜欢由慈禧做主为他挑选的皇后叶赫那
拉氏，珍妃的出现，使他情不自禁地将自己的爱情给了这个入
宫时年仅 13 岁的小姑娘。珍妃平时虽然依礼制住在景仁宫，但是
她不仅被允许经常和皇帝同居养心殿，还经常和皇帝一起吃饭。
珍妃不仅擅长书画、琴棋，而且是一个比较新派的女子，经常会
在宫里穿穿男装或者与光绪玩"易装"的游戏。女扮男装后的珍
妃颇有几分飒爽的英气，令光绪在开心之余又对她多了一份疼爱。

光绪自幼体弱多病，长期患有严重的遗精病，基本上丧失了
性功能。所以，光绪大婚后，虽然拥有一后二嫔，却很少召幸她们。
尤其是对慈禧的侄女叶赫那拉皇后，更是避之唯恐不及。在多次
的礼仪活动中，他发现珍妃不仅容貌俏丽，而且乖巧伶俐、活泼

动人，便对她有了好感。几次单独召见后，更觉得她不仅志趣广泛、谈吐不俗，而且性格开朗、善解人意。渐渐地，光绪对珍妃产生了爱意，召她侍寝的次数越来越多，珍妃逐渐被光绪视为知音和感情上的依托。

光绪四岁进宫，过早失去了母爱的呵护，而慈禧对他又过分严厉，十几年来一直过着呆板压抑、程式化的生活，从未尝到过人生的乐趣，更没有得到过女性的体贴和疼爱。他的精神世界就像一片寒冷的、干裂的土地，而珍妃的出现就像一股甜甜的暖流，滋润着光绪寒冷干裂的心田，使他初步尝到了爱情的甜蜜，感受到了生活的乐趣。渐渐地他与珍妃的爱，达到了难割难舍的程度。德龄在《瀛台泣血记》中记载，光绪几乎每天都召幸珍妃，每隔三四天还到珍妃的景仁宫去一次。

聪明的珍妃了解光绪处境的艰难、内心的苦楚，对他非常理解和同情。珍妃是一位多情善良的少女，千方百计地温存、体贴、关爱光绪，竭尽一切使自己的夫君感到温馨和快乐。珍妃"貌既端庄，性尤机警"，加之出生于文化官宦家庭，自幼就"颇通文史"，琴棋书画无所不能。他们俩在一起，或吟诗作词，或练字绘画，或对弈消遣，情投意合。他们俩对中国名著《红楼梦》都很感兴趣，比肩阅读、交口评论。出于对珍妃的挚爱，在她跟前，光绪几乎忘掉了皇帝的尊严。珍妃在光绪面前也无拘无束，畅所欲言。有时光绪放着肩舆、轿子不坐，与珍妃有说有笑地携手而行，犹如民间的一对恩爱夫妻。一旦珍妃不侍寝，回自己的景仁宫住，光绪不但就像失去了什么似的，颇感冷清，更担心心爱的珍妃在宫里寂寞无聊。他们俩互为知己，如漆似胶，一日不见如三秋之隔。皇帝的专宠对珍妃而言既是难得的幸福也是招致祸患的根源。

风流灵巧惹人怨

光绪对珍妃的宠爱招来了皇后叶赫那拉氏的嫉妒。

叶赫那拉氏是慈禧亲弟弟桂祥的女儿，这位慈禧的内侄女姿色平平，而且比光绪大三岁。光绪对这位太后派来监视自己的表姐无半点好感。嫁给光绪虽然给叶赫那拉氏带来了荣耀，对于她本人不算是幸事。

面对内忧外患的局面，依旧按照祖宗的家法来统治，不可能改变人为刀俎我为鱼肉的状态，而要在政治上有一星半点的改变，不通过老佛爷是根本不行的。以叶赫那拉氏的孤陋寡闻，根本不可能同光绪有共同的语言，更何况她的全部心思都用在讨好慈禧上，她宁肯守活寡，也要保住皇后的名分，只要能母仪天下，她绝不会对苦闷的丈夫有一丝的同情。

尽管她自己可以把丈夫抛在一边，却不允许光绪把感情倾注到珍妃身上。皇后叶赫那拉氏对珍妃的不满间接影响到慈禧，珍妃在宫中的位置开始变得微妙起来。

　　不久，珍妃私开照相馆之事就被皇后叶赫那拉氏告发了。

　　虽然是深宫，但是珍妃总有办法找到自己的乐趣——她爱上了照相。就像很多舶来品一样，当时许多国人对相机有偏见，认为是"西洋淫巧之物"，相机会摄走人的灵魂，照多了就会减寿。对一切新鲜事物都非常好奇的珍妃将一架相机带进了宫中，"不拘姿势，任意装束"地拍照，不仅给自己照，也给别人照，还教会了光绪和不少太监照相。

　　清代后宫惯例，皇后每年例银不过2000两，妃不过300两，嫔200两，除了个人用度，还要拿出一部分打赏下人。珍妃做事大手大脚，难免一年下来总会出现亏空。于是她私下拿出自己的积蓄，让身边一名叫作戴安平的心腹太监在东华门外开了一家照相馆，希望借此可以让手头宽裕一点。

　　皇后叶赫那拉氏一听说珍妃在宫外出资开设照相馆，就马上告知了慈禧。慈禧其实也非常喜欢照相，现存的慈禧的相片要比珍妃的多得多，她对照相这件事情本身并没有多大的反应。但是她对珍妃居然敢背着自己在外开店大为光火，"以为宫嫔所不应为"，认为珍妃仗着光绪的宠爱，根本就没有把自己这个老佛爷放在眼里，开始对珍妃不满，借口珍妃不守祖宗的家法，把她狠狠教训了一通，并将开照相馆的太监戴安平当场打死。

还有一次，光绪一时高兴，赏珍妃乘坐八人抬的大轿。这本来也没有什么，可偏偏被慈禧碰到。慈禧说珍妃不懂规矩，逾越了身份，不准她再坐。慈禧不仅把珍妃痛斥了一番，而且还把轿子也给毁了。

这件事本由光绪起，而皇后叶赫那拉氏却在光绪面前说起珍妃的不是，光绪当即恼怒，一股脑儿地把怨气全撒到了皇后叶赫那拉氏的头上。据后来一位刘姓宫女回忆，光绪当时甚至动手打了叶赫那拉氏。这样一来，珍妃不仅引来了皇后叶赫那拉氏的怨恨，而且也让慈禧愈发觉得珍妃把皇帝带坏了。

过了不久，光绪用库存的珍珠和翡翠做成了一件珠光宝气的旗袍，偷偷送给了珍妃。不想珍妃私下穿着与光绪在御花园里散步时，被慈禧撞见。慈禧大为生气，因为凭着珍妃的等级，无论如何也不能穿着如此珍贵的服装。慈禧不仅当即让太监脱掉了珍妃的这件外套，而且还杖责了珍妃30下。

珍妃性格开朗，活泼好动，猎奇心强，她对皇宫中的繁文缛节、呆板的生活方式十分厌恶，对宫中的尔虞我诈、钩心斗角更为反感。她喜欢新生事物，喜欢过无拘无束的潇洒生活。珍妃的性格，有先天因素的影响，也与她的成长环境有关。她幼时曾长期生活在任广州将军的伯父长善府中。广州是五个通商的最主要口岸城市之一，与西方资本主义世界接触最早最多，受影响也最大，思想较内地开放许多。加之长善本人广交名人雅士，其中多有具有先进思想的著名人物，这些都对珍妃的思想和个性形成产生了巨大影响。再者，他的两位长兄志锐、志钧也都是思想比较开明的人物，她的母亲也很开通，整个家庭对她的熏陶是不可忽视的因素。然而这种性格，在规矩多多、礼法森严的皇宫大内，显得格外突出和另类。

　　终于年轻的珍妃在太监的游说下，做了一生中最愚蠢的事情：答应了替他人跑官，其实也就是买官，清代称之为捐纳，这在当时并不是地下交易，而是政府许可行为。清代选官有三种途径：荫封，科举，捐纳。所谓捐纳，即平民通过捐纳财物来获得官职；生员可以通过捐纳财物成为贡生和监生，也可以得到低级官吏的虚衔或实任。官吏通过捐纳财物可以晋级。康熙十三年（1674年），清朝正式颁布捐纳制度，以后历朝沿袭，且捐纳数额愈来愈大，由捐纳而得官的人数也越来越多，此制度一直到光绪二十七年（1901年）才明令禁止。很多著名的人物都是由捐纳走向仕途的，比如著名文人李慈铭，还有在洋务运动中发挥了积极作用的华衡芳、徐寿、李善兰、郑观应、薛福成，以及甲午战争中牺牲的北洋舰队"致远"号管带邓世昌，甚至"戊戌六君子"之中的谭嗣同、杨深秀，以及资产阶级革命家徐锡麟也是其中的一员。

光绪二十年（1894年），珍妃为玉铭谋得四川盐法道的肥缺。按例新官放任，皇帝需要召见一次。光绪要求玉铭当场写下简历，玉铭竟"久久不能成字"，光绪大失所望，只好另下一旨，说明新授四川盐法道的玉铭，在皇上询问其公事时，大多并不熟悉，不能再授予这个职位。

珍妃的这种行为在不知不觉中得罪了以慈禧、李莲英为首的利益集团。慈禧曾当面拷问珍妃，并从其住处搜获记有其卖官收入的一本账本。

《国闻备乘》上记载着这样一个故事："总管太监李莲英有养子四人，福恒、福德、福立、福海，各捐郎中，分列户、兵、刑、工四部候补，亟请于孝钦慈禧谋实授。一日，刑部尚书葛宝华入见，孝钦以福海托之，宝华曰：'与以小乌布则可，补缺当遵部例，臣何敢专？'孝钦默然，不敢言破例也。鲁伯阳进四万金于珍妃，珍妃言于德宗，遂简放上海道。江督刘坤一知其事，伯阳莅任不一月，即劾罢之。"

"乌布"，是满语中差事的意思。在清代，各部郎中以下的官员，凡实际负责办事之人，都称为"乌布"，是较为低级的官员。

慈禧想帮李莲英为其四个养子说情谋官，结果都被刑部尚书以"补缺当遵部例"的理由给驳了回来，而且只肯给"乌布"这样的低级职位。而同样的事情，珍妃却通过光绪谋到了正四品的"道员"的职位。

这件事情被人揭露出来之后，慈禧对珍妃极为厌恶。

"后党"与"帝党"的争斗

同年，皇后叶赫那拉氏也想在光绪面前说情，为舅舅谋福州将军的缺。为了保证事情万无一失，她想到光绪最宠爱的是珍妃，便希望珍妃为她出面。珍妃出于各种考虑，认为自己不方便出面，于是对皇后叶赫那拉氏说："谁去说都是一样。"

皇后是皇帝的正妻，主管后宫，妃嫔必须无条件地听命于皇后，这是几千年来封建社会皇家奉行不替的信条。然而珍妃却不理这一套，我行我素，并不去刻意逢迎、巴结皇后。

本来皇后叶赫那拉氏就因珍妃与皇帝的恩恩爱爱、几乎夜夜专宠而吃醋，珍妃这样的态度更让皇后叶赫那拉氏怀恨在心，为了泄愤她跑到慈禧那以恃宠卖乖、欺压皇后的罪名告了珍妃一状。慈禧听后勃然大怒。俗话说"打狗还需要看主人"，何况皇后叶赫那拉氏是慈禧的亲侄女。叶赫那拉氏能当皇后，很大程度上是慈禧的意思，在慈禧看来不敬皇后就相当于不敬太后。

就在这一年，中日甲午海战爆发。

甲午海战的惨败和丧权辱国的不平等条约《马关条约》的签订，极大地震动和刺激了中国人民，也让光绪开始痛定思痛。

光绪对维新思潮的热情越来越高，他透露希望中国能够效法日本明治维新，通过改革走向富强，这让珍妃也激动不已。珍妃素来深受老师文廷式维新思想的影响，她支持光绪在国家治理上更多地发表自己独立的意见。

时间一长，光绪、珍妃和慈禧的矛盾越来越深，也使他们和以李鸿章为首的主和派对立起来。

文廷式和珍妃的堂兄志锐上奏光绪，公开批评李鸿章在与日本作战中没有尽自己的全力，对日态度过于软弱，致使北洋海军全军覆没。志锐对李鸿章的弹劾，既让珍妃钦佩，又让珍妃担忧。因为珍妃非常清楚，李鸿章的消极避战，固然有他自己想自我保全的思想作怪，也跟慈禧的指示密不可分。

一直以来，慈禧都抱有幻想，希望"以夷制夷"——利用日俄矛盾来对付日本越来越大的野心，不希望与日本产生正面冲突。另外，甲午海战失败也和军需银两被挪用修建颐和园有关，虽然光绪极力反对，但慈禧当年为了自己六十大寿，执意要动用海军军费重修被英法联军毁掉的颐和园。因此，现在志锐这份措辞严厉的奏章不仅得罪了李鸿章，实际上也得罪慈禧。

擅弄权术的李鸿章授意其心腹、御史杨崇伊上奏光绪，说文廷式企图支持珍妃取代皇后叶赫那拉氏、支持光绪亲政。

这一敏感的话题让慈禧对文廷式、志锐和珍妃充满了怨气。她借这个由头，对这三个人一一加以贬斥。而李莲英在珍妃宫中搜到文廷式的书信，"内多指斥之辞"，遂下旨以"交通宫闱，扰乱朝纲"的罪名，将文廷式革职，赶出毓庆宫，永不录用；将志锐贬职，由礼部侍郎调任为偏远的乌里雅苏台参赞大臣。

慈禧认定珍妃想要取代自己钦定的皇后，决定严惩珍妃。

据当年《故宫周刊》"珍妃专号"的白姓宫女回忆："后本慈禧之女，平日有对后不敬者，慈禧严刑责罚，谓正宫中体制也。今闻忤后者，乃素不善之珍妃，其愤怒之状，较之平日之十倍而不止。"当时慈禧居住在南海仪銮殿，她把侍奉珍妃的宫女、太监等叫到仪銮殿，当面询问珍妃平日的起居状况，"叱咤备至，凛不可犯"。慈禧的严厉让太监非常恐慌，但他仍坚持说珍妃平日恭谨，并无任何越理违规之处。

慈禧勃然大怒，于是命令掌刑太监杖责。珍妃宫里的太监被打得皮开肉绽，但是始终不肯招认。当时珍妃也被叫到一旁陪审，慈禧看撬不开下人的嘴，便把怒气全都撒到了珍妃身上，命掌刑太监掌嘴珍妃，逼珍妃招供。

珍妃出身名门，平日又深受皇上宠爱，何曾受过这种屈辱。珍妃尽管羞愤难当，但也没有说出让慈禧可以认定有罪的事情。

在《国闻备乘》当中，慈禧曾就买官一事责问珍妃："他事犹可宥，汝宁不知祖宗家法而黩货若此。谁实教之？"

珍妃反唇相讥道："祖宗家法亦自有坏之在先者，妾何敢尔？此太后之教也。"

一语戳中了慈禧的软肋，让慈禧气结于胸。珍妃的顶撞让慈禧疯狂反复，她当场下令对珍妃"袒而杖之，降贵人"。

什么叫"袒而杖之"，说白了，就是脱了裤子赤身露体地挨板子，不仅肉体遭受酷刑，人格也要遭到极大凌辱。别说是在皇宫内院里，就是寻常百姓家有几个婆婆能跋扈到当众剥了裤子打媳妇的地步？至此慈禧仍不肯善罢甘休，还立刻夺了珍妃和姐姐瑾妃的封号，均降为贵人，同时马上要求光绪发布了正式的上谕，宣称此举是为了"以示薄惩，而肃内政"。

不久，慈禧设禁牌两块。一块专为珍妃、瑾妃而设，"光绪二十年十一月初一，奉皇太后懿旨：'瑾贵人、珍贵人着加恩准其上殿当差随侍，谨言慎行，改过自新。平素装饰衣着，俱按宫中规矩穿戴，并一切使用物件不准违例。皇帝前遇年节照例准其呈进食物，其余新巧稀奇物件及穿戴等项，不准私自呈进。如有违例，重责不贷。特谕。'"

为了帮助皇后树立威信，慈禧还特意为其做了一块禁牌。"光绪二十年十一月初一，奉皇太后懿旨：'皇后有统辖六宫之责，俟后嫔妃等如有不遵家法，在皇帝前干预国政，颠倒是非，着皇后严加访查，据实陈奏，从重惩办，决不宽贷。钦此。'"显然希望借此事帮助叶赫那拉氏树立六宫中的绝对权威，更好地管束珍妃。

　　懿旨中所提到的衣饰、物品等，明显是指珍妃的新款衣服、男式服装和照相器材等。懿旨中所提到的"乞请""干预国政"之事，是指珍妃协助光绪培植自己的势力，提拔兄长志锐为礼部侍郎、破格提拔自己的老师文廷式为翰林院侍读学士等。清朝晚期，卖官鬻爵不仅是公开的秘密，甚至已经合法化。当时的捐纳制度，实际上就是卖官，用以解决朝廷财政的紧张。据记载，珍妃见慈禧、李莲英各为自己的私利巧立名目，大肆卖官，肆无忌惮。于是，珍妃为了解决自己手头紧的问题，借助光绪宠爱的优势，也干起卖官的事来。不管怎么说，珍妃在这件事上确实被慈禧抓住了把柄，于是背上了"干预国政"的罪名。

　　据说在降珍、瑾二妃为贵人的前一天，即光绪二十年（1894年）十月二十八日清晨，光绪如同往常一样到长春宫东暖阁向慈禧下跪请安。慈禧铁青着脸，坐在御榻上，对光绪闭目不视。光绪跪在地上，不敢抬头，也不敢多言，而这一跪竟然跪了两个多小时。之后慈禧才恶狠狠地说："瑾妃、珍妃的事，你不管，我可要管。

不能让她们可着性子，不遵家法，干预朝政，胡作非为！"

光绪莫名其妙，唯唯称是，以礼告退，回养心殿。光绪正在纳闷时，有太监跪奏：清晨，皇太后下令总管太监李莲英，对瑾妃、珍妃杖责处罚。珍妃位下太监高万枝，被慈禧懿旨正法。珍妃的胞兄志锐被革职，发遣乌里雅苏台。

至于慈禧对珍妃的严惩，根据清宫档案记载，证实珍妃在十月二十八日这天遭到了"褫衣廷杖"，即扒去衣服打。皇妃遭此惩处，这在有清一代是极为罕见的。

慈禧杖责珍妃，宫廷御医档案留下一些资料：十月二十八日，太医张仲元请得珍妃脉息，六脉沉伏，抽搐气闭，牙关紧闭，周身筋脉颤动。十一月初一日，亥刻（21～23时），太医张仲元请得珍贵人脉息，左寸关沉伏，右寸关滑数，抽搐渐止，仍觉筋惕肉颤，神志已清，唯气血未调，痰热尚连下行，以致胸膈烦闷，两肋串痛。有时恶寒发烧，周身筋脉疼痛。同日子刻（23～1时），张仲元请得珍贵人脉息，左关沉伏，右寸沉滑，抽搐又作，牙关紧闭，人事不省，周身筋脉颤动。同一日深夜，将御医请进内宫急诊，可见珍妃病情之急重。根据上述医案，珍妃确受重杖。

慈禧之所以重惩珍妃，其原因主要有五个：

第一，杀鸡儆猴、训诫光绪。甲午兵败，慈禧将责任推到光绪身上，觉得光绪亲政八年，胆子愈来愈大，甚至在有些事情上不把圣母皇太后放在眼里。慈禧想"杀鸡给猴看",借廷杖珍妃,以告诫光绪:要是不听话,就给眼色看!

第二,为皇后叶赫那拉氏树立威信。慈禧觉得,皇帝结婚五年,对懿定的皇后,既不亲爱,也不敬重。慈禧便借此机会,严厉惩治珍妃,给侄女出口气。

第三,打击珍妃。珍妃自恃长得娇俏,能说会道,深受皇帝喜爱,并经常做出一些越轨的事情来。加之慈禧年轻守寡,见到别人爱情甜蜜,难免嫉妒怨恨,因此,借个机会,惩罚诊妃。

第四,惩戒宫女、太监。内宫应是一片"纯净乐土",竟然有人串通外朝,卖官鬻爵。珍妃也好,太监也好,卖官之事是真是实。于是,慈禧惩罚珍妃,名正言顺,用以震慑宫女。

第五,慈禧借廷杖珍妃,以舒解自己多日来的积愤。

总之,"廷杖珍妃"之举,慈禧收到一石数鸟之效。

翁同龢曾在慈禧面前为珍、瑾二妃求情,建议缓办,但遭到拒绝。结果,不仅珍妃受到惩处,连瑾妃也受到牵连。

被牵连的不止瑾妃一人,此事涉及的人数众多,光前后打死的太监就有六十余人,一时间宫内气氛萧瑟。十一月初二日,慈禧再降懿旨,将珍妃手下的太监高万枝处死。在这桩事件中,先后受到株连的太监还有永禄、宣五、王长泰、聂德平等数十人,有的被发配充军,有的被秘密处死,有的被立毙杖下。就连伺候珍妃的白姓宫女也被驱逐出宫。

珍妃当天回宫后，"哀毁异常"，她所受的伤害之重，就差一个死字了。慈禧不想因此与光绪的关系弄得太僵，转而又送给珍妃八盒食品以示自己的宽大，到了第二天，慈禧突然下令到同豫轩去看看。可仅仅因为路上看到一个太监没有穿符合礼制的袍子便勃然大怒，命令随从杖责。

当时宫杖没有带在身边。慈禧命令下属用所乘轿的轿杆代替这个可怜的太监被打得死去活来。

等慈禧到了同豫轩，才知道已经在那里候驾的皇后、珍妃、瑾妃都因听说慈禧今天又大发淫威而惊吓得昏厥过去，且"僵而不苏"。

慈禧派人去告诉光绪这些后妃的情景，想看看光绪的反应。光绪对慈禧派来的人，没好气地说死就死了，并赌气说即使都死了，以后也永远不再立后。

光绪的表态很耐人寻味，本来是后、妃被吓昏，他却特意提到皇后，所谓不再立后的隐台词就是：即使皇后被吓死，也无所谓——死了就死了。

从表面上看，慈禧惩处珍妃，是为了维护大清的祖制家法，实际上是"后党"对"帝党"的一次反扑和严厉打击，是皇权斗

争中的插曲。在对甲午战争"战与和"的问题上，光绪与慈禧发
生了严重分歧，朝中形成了主战的"帝党"与主和的"后党"。珍、
瑾二妃的胞兄志锐、珍妃的老师文廷式，也卷入这场政治斗争之中。
"帝党"遭到这次打击后，元气大伤。过了将近一年，光绪二十一
年（1895 年）十月十五日，慈禧才恢复了珍、瑾二人妃的称号和地位。

虽然珍妃恢复了封号，但是她举步维艰的宫廷生活才刚刚开
始。珍妃从小的生活环境没有教会她怎样过如履薄冰、如临深渊
的生活，没有教会她怎样向强权低头、仰人鼻息地为人，也没有
教会她察言观色、进退自如地做人。她的导师文廷式从小为她灌
输的维新思想，既使她能同光绪情投意合，又造成了她的人生悲剧。

古老、枯朽、闭塞的紫禁城，容不下一个鲜活的、有生气的、
有维新意识的生命的存在。珍妃与慈禧更大的冲突——面对中国
政局凄风苦雨的不同选择，不可避免地爆发了。

心系百姓：万户凛寒飞

波谲云诡的清末，在西方列强的围攻之下，珍妃的独立思想、
独立人格，为她的凄凉收场，早就埋下了伏笔。

据曾在宫中给慈禧当过两年侍从的德龄记载：光绪"聪明好
学""通晓各类事务"，但慈禧在归政后依旧大权独揽、处处掣

肘，根本不给光绪施展政治才能的机会，不仅在重大政事当中光绪要服从慈禧的懿旨，即使是自己的家务事，他也未必可以做主。皇帝要真正亲政，还需等待时机。

光绪十三年（1887年）正月十五日，光绪在太和殿举行大典，开始亲政，颁诏天下。到光绪二十四年（1898年）八月初六日，慈禧重新垂帘训政，光绪被囚禁，其间12年，为光绪亲政时期。

从太和殿亲政大典时起，光绪就被慈禧掌控在手里，或被慈禧作为显示威严的权杖，或被慈禧看作御座上的玩偶。慈禧规定，每隔一日，光绪必须亲自向她奏报政务，听候训示。光绪经常披星戴月，往来奔波。遇有重大事情，更得随时请旨。名为皇帝，实则傀儡。光绪临朝亲政后，53岁的慈禧表面退居颐和园颐养天年，实际上权势依旧，把持着国家政务。她一方面处处限制光绪的权力，国家大事都要秉承她的懿旨去办理；另一方面又通过自己的侄女皇后叶赫那拉氏及亲信太监李莲英等人，暗中监视光绪的行踪。

这时，日本经过明治维新，开始向外扩张，把进攻矛头指向朝鲜和中国东北；俄国也极力向远东、向中国东北和西北扩张；英、法等西方殖民者，更从海上对中国进行新的侵略。在国际上、国内局势的掣肘下，光绪在政治上还是做出了两件大事：第一是在甲午战争中"主战"，第二是在戊戌变法中"求变"。

中日甲午战争，光绪"主战"，可惜失败了。甲午战败，割地赔款。光绪在康有为、梁启超等人的影响下，试图维新变法，实现富国强兵。光绪二十四年（1898 年）四月二十三日，光绪颁布《明定国是诏》，宣布变法，博采西学，推行新政，授予康有为"专折奏事"权。那些守旧的权贵重臣，害怕光绪的改革触动自己的权力与利益，纷纷投靠慈禧，并竭力挑拨他们"母子"的关系，慈禧也深恐光绪改革成功会影响她的独裁，就这样朝廷大臣分裂成了"后党"与"帝党"两派，双方斗争异常激烈。光绪亲政的 10 年，是与慈禧进行政治和权力斗争的 10 年。从中日甲午战争到戊戌变法，双方矛盾日益尖锐。

1895 年，康有为、梁启超等人在甲午海战中国大败后，公车上书，请求变法救国，随后珍妃的老师文廷式参与组织了"强学会"。维新思想给珍妃带来了思想上极大的震动，她从老师文廷式、光绪的言谈中听到一些国家政事，也开始为国家、民族的命运感到深深的担忧。而她的丈夫光绪更在维新党人的鼓动下，燃起了重振朝纲的愿景。

珍妃在个人感情上是支持维新变法的，加之慈禧在戊戌变法之始的开明态度，让珍妃不再顾忌自己的言行，"日夜怂恿，上为所动"。珍妃坚决支持光绪变法，是"帝党"的重要成员，不仅为光绪出谋献策，更是在精神上给光绪巨大的支持。在变法后期最困难的时刻，身居九重宫禁的光绪，身边只有珍妃一个知己，珍妃成了他的精神支柱。

随着变法的深入，珍妃开始担忧起来，因为通过过去的种种风波，她已经非常了解慈禧的脾气。对于慈禧来说，最重要的永远是自己的权力，在民族大义前也不会退让分毫。时局的发展证明珍妃并非杞人忧天。

光绪主张的变法建议中，有"兴民权，设议院，立宪法"等条款，他提出用西方的君主立宪制代替传统的封建君主专制制度，这就意味着皇家的绝对权威将不复存在。果不其然，慈禧准备改立新君。珍妃心里万般焦急，假如光绪被废，她在宫中唯一的依靠都失去了。光绪更是万分焦虑，谭嗣同等虽有治国方略，却手无兵权，万般无奈之下，他们想到利用袁世凯的新军。

当年的八月初，在康有为等人的授意下，光绪三次召见袁世凯，第三次召见时赐袁世凯以密诏，表明自己准备废黜慈禧、诛杀荣禄的决心。

维新派和光绪、珍妃都错信了袁世凯。他在答应了光绪的要求之后转身投奔荣禄，随后，慈禧、荣禄等人以最快的速度对维新党人进行反击，戊戌变法变成了戊戌政变，整个变法只进行了103天。

　　光绪二十四年（1898年）八月初六日，在以慈禧为首的守旧势力的反对和镇压下，变法运动最终失败。康有为、梁启超出逃，谭嗣同等"戊戌六君子"遇害，光绪也被囚禁在中南海瀛台。此后，光绪度过了10年没有人身自由的"囚帝"生活。这一年，他28岁。

　　28岁的年轻皇帝像困兽一样在画栋雕栏间徘徊。四周是无路可走的水，身边是时刻监视他的太监们。那些太监们晓得，他们的小命是否保全取决于是否服从太后的旨意。他们常常换班看守皇帝，这样便无人能与皇帝密谋逃跑……瀛台中发生的一切，慈禧都了如指掌。光绪深知慈禧的险恶用心，日夜担惊受怕、提心吊胆，对天长叹道："我连汉献帝都不如啊！"

　　光绪力推维新变法，腐朽的清王朝初现变革生机。然而，"戊戌政变"，痛失良机。清朝皇室，自相残杀，错过维新变革的机会，丧失了选择发展道路的机会。接着，义和团兴起、八国联军入侵北京、慈禧与光绪逃难，国内局势风起云涌。其受害者，自然是百姓、是国家、是民族；而覆巢之下焉有完卵，满清贵胄们也将自食其果。

痴情帝妃两相思

　　珍妃参与戊戌变法，使慈禧大为愤恨。宫中的禁牌还未褪色，这个"不守本分"的妃子又开始和她对抗。光绪被幽禁在瀛台之后，珍妃也被慈禧幽禁起来，关在一个叫作北三所的地方，她不仅再也见不到光绪，就连人身自由也被剥夺了。

她身边的太监但凡直接或者间接参与了维新变法的，都被慈禧严厉地处分，重则死刑，轻则"板责""枷号"。其中一位叫作戴恩如的贴身太监，被慈禧斥为"干预国政，搅乱大内，来往串通是非"，在处分当天就被活活打死。

慈禧对太监最是残忍，宫里曾设了专门关押太监的监狱，叫"慎刑司"，还在慎刑司里设立了一种"气毙"之刑：就是把犯了错误的太监，用七层蘸湿了的白棉纸，将口、鼻等"七窍"封起来，然后再用刑杖打死。

戊戌变法后，慈禧就用这种"气毙"之刑处死了许多珍妃宫中的太监，手段极其残忍。慈禧最后宣布，任何人都不得为幽禁中的珍妃传送信息，如果违例，就地正法。

凄惨的冷宫生活对于锦衣玉食多年的珍妃来说，无疑是一种煎熬，然而更让她难以面对的是变法失败的结局。虽然慈禧隔绝了她与外界的联系，但她还是断断续续知道了一些外面的消息：光绪被囚禁在瀛台，"六君子"就义菜市口。

最令她震惊的消息是，光绪二十六年（1890 年），也就是戊戌变法失败后的第二年，慈禧发布了"招团御侮"的宣战上谕，让义和团的法术与西方列强的钢炮对抗。

珍妃听到这个消息，深深地感到悲哀。甲午海战证明一个刚刚崛起的日本尚且不能抵挡，何况同时对多国宣战，古老的中国将会有怎样的命运？慈禧由过去的软弱突然转向强硬，并不是她觉醒了，而是在戊戌政变之后，慈禧对英、美等国给康有为、梁启超等维新志士予以逃跑的机会，以及列强在废除光绪问题上与其对立的态度，怀恨在心。

紫禁城里的这扇门，就像是乡村的一扇柴门，门上的釉漆正在脱落，露出了腐朽的木板梢，木板上被虫噬的痕迹历历在目。门隙处并列着一对铁圈儿，像一对挖了珠子的眼睛，又像是套在那个老女人耳洞上的坠子，只是锈迹斑斑。下面是一根长长的铁杆，一把铁锁挂在上面，仿佛把千百年来的宫围恩怨深深地锁在里面。门柱有些空了，门楣也剥离了，枯死的柳枝垂直而下，和破落的门楣前后相映。门前有一两株小草顽强地生长着，尽管小草寓意着生机，但还是让人看不到希望。

这里就是关押珍妃的地方，她在这里度过了无数个日日夜夜。

打开了那扇门，幽幽的，轻轻的，是一个落魄的女子，她就是著名的大清国皇妃——珍妃，而这扇门和门里的地方叫冷宫。

珍妃在大清国狼烟峰起、民不聊生的时候来到了光绪身边。

珍妃的到来，给呆板沉寂的宫廷生活注入了活力，年轻的光绪焕发出无穷的活力。冷宫中的珍妃靠着回忆在活着。珍妃曾经是一股甜甜的暖流，滋润着光绪寒冷干裂的心田，在珍妃面前，光绪没有了皇帝的威严，两人无拘无束，畅所欲言，犹如民间的一对恩爱夫妻。

冷宫的门关不住珍妃的心，也冷不了她的意志，回想那些日子：光绪长期受慈禧的压制，手中无权，大志难伸；甲午战败，割地赔款，光绪在康有为、梁启超等人的影响下，试图维新政治，富国强兵。虽然这一切都失败了，但是那些并肩作战的日子，却值得让珍妃回忆一生。然而再甜美的回忆，都挡不住现实的残酷冰冷，被关进冷宫的那一刻，就是诀别的时刻，从此珍妃再也没有见过光绪。

> 妾身何必恨长门，千古帝王子虚人。
>
> 或得痴情天子胄，两割相思入泪混。
>
> 狼烟败兵退午门，残母金井销玉魂。
>
> 可叹翠枝年复年，不见当初笑红尘。

这首清代诗就是珍妃的写照，也是大清国的写照。

深井葬花魂

关于珍妃之死，正史的记录都语焉不详。野史和口述史料的记录详细，但可信度又不及正史，且版本很多。

野史和口述史料的分歧主要集中在珍妃是自己投井还是被太监崔玉贵在慈禧的命令下投入井中的问题上。

关于珍妃之死，有种种说法。所言者，或太监，或宫女，或近侍，或亲王。有的说是被李莲英推入井中的；有的说是被崔玉贵裹挟投入井中的；有的说是珍妃自己跳入井中的；有说是在众目睽睽下公开处死的，有说是秘密处死的；有的说光绪在场，有的说光绪未在场。

关于珍妃遇难的日期也说法不一。有的说是光绪二十六年（1900 年）的七月十九日，有的说是七月二十日，还有的说是七月二十一日。北京城是七月二十日陷落的，慈禧携光绪于七月二十一日凌晨逃出北京。以慈禧之精明、虑事之周详，不会在二十一日凌晨之时处置珍妃，因为从心情和时间上都不允许。七月十九日北京还未陷落，是否外逃离京，慈禧很可能还未下最后决心，在这种情况下，处死珍妃的可能性也不大。因此，珍妃死于七月二十日的可能性最大。

口述史料与野史相比，因为是亲历，或是从亲历者口中听到，相对可靠。

珍妃之死流传最广的两种版本，是太监小德张过继孙子张仲忱在《我的祖父小德张》一文中，转述的小德张的回忆。

小德张谈起珍妃时说，当年八国联军进城后，慈禧也来到了御花园旁，在养心斋前换上了便装。各宫妃嫔陆续到来，光绪也由瀛台过来，换上了青衣小帽。这时，老祖宗把珍妃叫来，让她换好衣服一起走。

此时的珍妃已被囚禁了整整三年。

不大一会儿，珍妃披散着头发，穿着旗袍来了。

老祖宗大怒说："到这时候了，你还装模作样，洋人进来，你活得了吗？赶紧换衣服走！"

珍妃说："皇阿玛，奴才面出天花，身染重病，两腿酸软，实在走不了，让我出宫回娘家避难去吧！"慈禧不同意，仍然叫她走，而珍妃跪在地上就是不走。于是慈禧叫太监崔玉贵把珍妃强行扔进了井里。

这个版本最大的特点就是所谓珍妃出天花。

八国联军攻入北京时，是农历七月十九日，此时根本不是闹天花的时候。天花病毒同其他病毒一样怕热不怕冷，流行的季节往往在冬春之时，如豫亲王多铎得天花是在顺治六年三月，顺治出天花是在顺治十八年正月。

　　本来天花就不是七月的病症，而且史书上也没有庚子年七月北京地区流行天花的记录，然而在这份口头史料中却出现了天花。经分析可能是这样的：一种可能是囚禁珍妃的地方是名副其实的冷宫，过于阴冷的环境，给天花病毒的滋生提供了条件；另一种则是慈禧为把珍妃扔到井里提供借口，因为珍妃生了天花没体力逃难，投井是不得已而为之。

　　而在另外一个版本的口述实录中，太监唐冠卿是这样说的（经过对史料的分析、比较，还是清宫旧太监唐冠卿所讲最合情合理，可靠性最强）：

　　"庚子七月十九日，联军入京，宫中惊惶万状，总管崔玉贵率快枪队四十人守蹈和门，予亦率四十人守乐寿堂。

　　时甫过午，予在后门休息，突见慈禧自内去，身后并无人随侍，私揣将赴颐和轩，遂趋前扶持。

　　乃至乐善堂右，后竟循西廊行，予颇惊愕。

　　启曰：'老佛爷何处去？'

　　曰：'汝勿须问，随予行可也！'

　　及抵角门转弯处，遂曰：'汝可在颐和轩廊上守候，如有人窥视，枪击勿恤。'

　　予方骇异间，崔玉贵来，扶后出角门西去，窃意将或殉难也。然亦未敢启问，少顷，闻珍妃至。请安毕，并说老祖宗吉祥。

后曰：'现在还成活么，义和团捣乱，洋人进京，怎么办呢……'继语音渐微，呶呶莫辨。忽闻大声曰：'我们娘俩跳井吧！'

妃哭求恩典，且云：'未犯重大罪名。'

后曰：'不管有无罪名，难道留我们遭洋人毒手吗？你先下去，我也下去。'妃叩首哀恳，旋闻后呼玉贵，贵谓妃曰：'请主儿遵旨吧！'

妃曰：'汝何人，亦逼迫我耶？'

贵曰：'主儿下去，我还下去呢！'

妃怒曰：'汝不配！'予聆听至此，已木立神痴，不知所措。忽闻后疾呼曰：'把她扔下去吧。'遂有挣扭之声，继而砰然一响，想珍妃已坠井矣。

斯时光绪居养心殿，尚未之知也。"

从以上两段口述史料我们可以看出，珍妃之死与一名叫崔玉贵的太监有很大关系。

唐冠卿虽未在场，但亲眼见到了慈禧、崔玉贵，亲耳听到了三人当时的对话和珍妃落井的声音，所言应该确实无误。

从目前搜集的文献看来，珍妃确是被强行推入井中，而不是像某些民间流传的那样：自己投井身亡。

一位伺候过慈禧的何姓老宫女曾对这一事件做了如下回忆：

逃跑是在光绪二十六年，即庚子年的七月二十一日。头一天的下午，老太后在乐寿堂屋里睡午觉。我和往常一样，陪伴在寝宫里，背靠西墙，坐在砖地上，面对着门口，这是侍寝的规矩。突然，老太后坐起来了，撩开帐子。平常撩帐子的事是侍女干的。今天很意外，吓了我一跳。老太后匆匆洗完脸，一声没吩咐，竟自己走出了乐寿堂。

我们跟随老太后走到西廊子中间，老太后说："你们不用伺候。"这是老太后午睡醒来的第一句话。我们眼看着老太后自个儿往北走，进了颐和轩。

大约有半个多时辰，老太后从颐和轩出来，铁青着脸皮，一句话也不说。我们是在廊子上迎老太后回来的。晚上便有人偷偷地传说，老太后赐死了珍妃，让人把珍妃推到井里了，我们更不敢多说一句话。

这位何姓宫女所讲，与唐冠卿所讲完全吻合。这位何姓宫女还说，民国初年，崔玉贵曾到她家串门，亲口讲了处死珍妃的经过，与唐冠卿所讲也基本一样，这表明唐冠卿所讲的珍妃遇害的情节是真实的。

在恒慕义主编的《清代名人传略·载湉传》中对珍妃死前有如下一段描述：在 8 月 14 日（公历）凌晨，孝钦慈禧在得到外国军队即将进入北京的报告后准备出逃，但她不想把载湉（光绪）留下。载湉宠爱的珍妃鼓足勇气建议皇帝应该留在北京进行和平谈判……孝钦竟下令把她推入井中……他若设法留在北京，便能重新掌权……

照此描述不难看出，即使到了这样生死攸关的地步，珍妃依旧期望光绪能摆脱挟制而有所作为！

那一年是公元 1900 年。那口很深的，因为吞噬了一个美丽的生命而开始变得恐怖的井，叫珍妃井。在那一年坠落井中的，不只是光绪的一颗心，还有大清王朝即将倾覆的国祚，都伴随着那 25 岁最璀璨动人的青春，在短暂扩泛的涟漪之后，环绕着无数荡气回肠的喟叹声，永远地在那一口井中，无情地消亡了。

珍妃沉井的那额黄昏，北京的天空中满是橘红的光釉，仿佛是珍妃的灵魂化成了天边自由飘逸的云彩。

死后荣光

珍妃的尸体在井里泡了一年多。1901 年，八国联军退军，瑾妃到处求情，慈禧才允许珍妃的家人将珍妃的尸体从井中打捞上来，装殓入棺。由于井口太小，打捞珍妃费了很大的力气，打捞上来的尸体后由她的家人安葬于北京西郊的田村。

慈禧回宫后，开始对西方列强格外小心起来。为了能在洋人人面前好下台，崔玉贵首当其冲成了珍妃坠井事件的替罪羊，他因此事被慈禧逐出了皇宫。

害死皇妃这样的罪过，岂是简单的外逐可以了结的？可见慈禧并非真心想要怪罪他，不过是借他下台罢了。果然，不久之后，崔玉贵又被慈禧重新招进宫中当差，好像什么都没有发生过一样。

不仅如此，1901年11月30日，慈禧还降下懿旨掩人耳目："上年京师之变，仓促之中，珍妃扈从不及，即于宫闱殉难，洵属节烈可嘉，加恩着追赠贵妃，以示褒恤。"企图向世人表明，珍妃是为了免受洋人侮辱，而自愿殉难的，一个"贵妃"的封号就把所有的过错和宫廷的狰狞面目抹得干干净净。

朱诚如先生主编的《清史图典》第十一册中对珍妃之死有如下一段评述："光绪二十六年，八国联军攻入北京，慈禧出逃时，命太监崔玉贵将珍妃推入井中溺死，后为掩人耳目，对外声称珍妃是由于'仓促之中''扈从不及'而于宫内殉节，还煞有介事地表彰她为'节烈可嘉'，次年并追赠贵妃号'以示褒恤'。"应该说，以此评述作为珍妃之死盖棺定论之论是公正的，也是符合历史真实的。

当时最难过的，除了珍妃的家人，就是光绪了。他早在出宫之时就得知了珍妃坠井的消息。虽然贵为一国之君，号称"普天之下，莫非王土，率土之滨，莫非王臣"，却落魄到连自己的命都难保，更不要说保护心爱的女人了。

光绪二十六年（1900年），八国联军攻入京师，慈禧携宫眷出逃，瑾妃也是宫眷中的一员；在宣统帝溥仪登基之后，瑾妃继续住在永和宫，并被尊为"兼祧皇考瑾贵妃"；宣统帝逊位后，上徽号为端康皇贵妃。

光绪在世的时候，妹妹珍妃一直很得宠，所以姐妹两人的关系并不好，或者说是很不好。瑾妃曾一度站到皇后这边，帮着皇后折腾珍妃。但是毕竟是姐妹，血浓于水，在听闻珍妃被投入井中的时候，瑾妃十分悲痛。

在皇后叶赫那拉氏去世后，已成为皇太贵妃的瑾妃，将妹妹的灵柩迁葬清西陵的崇园妃陵寝。宣统退位后，瑾妃在珍妃井北侧的怀远堂东间为珍妃设置了一个小小的灵堂，以示哀悼，并且亲书"怀远堂"匾额，又在灵堂正中悬挂了亲书的"精卫诚"横幅，褒奖妹妹对光绪的忠诚。

在珍妃短短25年的生命里，她所遭受的痛苦与折磨实在是太多，她是怀着一腔仇恨离开这个世界的，她恨那些出卖皇帝的告密者，恨那些为了一份钱粮像哈巴狗一样乞求太后训政的人，恨那些动辄以祖宗家法反对变法维新的人，恨那些把国家推进苦难深渊的人，恨那些把自己置于死地的人。她恨不得踏平万寿山、填平瀛台的水。如果戊戌变法成功，她也许会在中国的近代史上留下浓墨重彩的一笔，她也许会有辉煌而又得意的后半生，但历史不能改写。

　　戊戌变法的失败，又岂是珍妃一个人的悲哀？中国不仅失去了一批维新志士，也失去了 19 世纪最后一次实现近代化的机会。

　　珍妃是光绪最宠爱的女人、是慈禧最痛恨的女人。她是维新变法中的弄潮儿，也是宫廷斗争中可怜的牺牲品；她曾受过良好的教育，也曾因多次违制而受杖责；她曾有过不同凡响的政治抱负，却因此而死于非命；她在幽禁多年后被投入冰冷的井水，却在死后享尽了连她自己都想不到的哀荣。

　　《清史稿》关于珍妃的故事，仅有寥寥数句"恪顺皇贵妃，他他拉氏，端康皇贵妃女弟。同选，为珍嫔。进珍妃。以忤太后，谕责其习尚奢华，屡有乞请，降贵人。逾年，仍封珍妃。二十六年，太后出巡，沉于井"。正史上关于她的记载也仅有这几句。

　　故宫景祺阁的西廊贞顺门内有一口普通的水井，井口仿佛是一个空心的偌大的棋子，水井没有亭子，也没有汉白玉栏杆，仅被玄色的栏杆圈了起来，旁边竖有一块牌子，上面写着"珍妃井"。幽幽的井水早已干涸，井台上那些青青的苍苔犹如抹不掉的历史创伤；风过处，井旁那一丛叶色枯黄的修篁，仿佛也在轻轻叹息。

　　这就是一代红颜珍妃最后的葬命之地。珍妃井地处偏僻，游人稀少，冷冷清清，但这样正好可以展现出她冷眼阅尽后宫红颜花开花谢后的落寞。

纵然满园芳菲，高墙深院重门叠户，百年后，桃花依旧，人面难寻。后人曾写过一首悼念珍妃的诗：

金井一叫堕，凄凉瑶殿旁。

残枝未零落，映日有辉光。

沟水空流恨，霓裳与断肠。

何如泽畔草，犹得赋鸳鸯。

本是鸟语花香，风和徜徉；奈何黑云遮天，闪电流光。本是美景良辰，举目齐望；奈何雪漫孤山，独哮山冈。本是轻风迎袖，一点黛眉绘红妆；奈何攒眉千度，香消玉殒离花殇。放眼望，云烟几处？迟暮斜阳掩草树。尘世多迷雾，衷情难相诉。但将心言成歌赋，遥相寄，越生死，堪回顾。

第七卷 隆裕：
女中尧舜，一生失落

开始就很别扭

　　光绪的孝定皇后叶赫那拉氏，是慈禧的内侄女，生于1868年，卒于1913年，父亲为副都统桂祥。史书和清宫档案中都没有记载她的名字，只有德龄在《瀛台泣血记》中说她叫"静芬"。她长得不漂亮，既瘦弱，又驼背。

　　光绪十三年（1887年），叶赫那拉氏20岁，是年适逢光绪选妃，叶赫那拉氏成为后妃的候选人。经过层层筛选，在体和殿上，叶赫那拉氏终于见到了未来的丈夫，也就是她的表弟光绪。17岁的光绪风度翩翩，长得白净瘦长，一副书生模样，让叶赫那拉氏顿生爱意。

　　据德龄讲，慈禧早在十年前就开始为光绪谋划婚事了。慈禧曾巧妙地安排过这位未来的皇后与光绪接触。"当时光绪只向静芬看了一眼，心上便老大不高兴。他觉得这个小女子，绝对不是理想中的同伴。"慈禧的这一精心安排，显然没有取得预期的效果。但是，不情愿归不情愿，从小生活在慈禧的严厉管教和压制之下的光绪，性格懦弱，在这件事情上根本不可能有自主权。慈禧欲将自己的侄女立为皇后与推迟光绪婚期的目的是一样的，都是为了一个"权"字。首先，亲上加亲，可以使光绪更加俯首帖耳地听自己摆布。其次，将自己的侄女立为皇后，常伴在光绪的身边，无异是在光绪身边安置了一个最忠实可靠的耳目和密探。这样，光绪的一举一动、一言一行都会在慈禧的掌握之中。特别是在慈禧归政、长期居住颐和园以后，这一安排显得尤为重要和必要。

在早已确定了皇后人选的情况下，慈禧于光绪十四年（1888年）假惺惺地安排了一场"选秀"。表面上看起来皇帝自己做主选定了皇后和妃嫔的人选，实际上只是慈禧操控下的表演。和叶赫那拉氏一起备选的还有江西巡抚德馨的两个女儿以及礼部左侍郎长叙的两个女儿。虽然那些姑娘都美貌非凡，最后光绪还是按慈禧的意思选了相貌平平的叶赫那拉氏作为皇后。除此之外德馨家的女儿被送出宫，只留下长叙家的两朵姊妹花，大的封为瑾嫔，小的封为珍嫔。在这场选秀闹剧中，几个当事人都不痛快，光绪因不能选立自己喜欢的、江西巡抚德馨家的姐妹花而郁闷苦恼；在慈禧的极力帮衬下才被选中的孝定皇后叶赫那拉氏也是难堪又羞恼；而慈禧看到光绪有忤逆之心更是气恼不已。

光绪十四年（1888年）十月初五日，慈禧颁布懿旨，正式公布了为光绪立后的理由和所立皇后的人选：

"皇帝寅绍丕基，春秋日富，允宜择贤作配，佐理宫闱，以协坤仪而辅君德。兹选得副都统桂祥之女叶赫那拉氏，端庄贤淑，著立之为皇后。"

光绪十五年正月，清王朝举行了隆重的大婚典礼。

史上最后的皇帝大婚

清朝最后一次大婚礼就在这几位主角各怀心事、别别扭扭的情况下拉开帷幕，操办起来了。

经钦天监敬择吉期，定于光绪十五年（1889年）正月二十六日举行皇后册立礼。但就在婚礼前40天，即光绪十四年腊月十五日深夜，一场大火将太和门、贞度门和昭德门化为灰烬。太和门在明朝叫皇极门，是皇帝听政的地方。清廷入关后，顺治帝曾在此门举行过登基大典。贞度、昭德二门是大臣们上朝、退朝的必经之门。这三门是大婚典礼的重要场所，三门的烧毁，使清廷上下极为震惊和恐慌。在那个年代，人们都认为这是上天的示警。大婚在即，竟发生了如此一场大火，肯定是不祥之兆。因此在火灾发生三天后，慈禧下令"所有颐和园工程，除佛宇暨正路殿座外，其余工作一律停止"，以表示"知儆修省"之意。

光绪十五年（1889年）正月二十五日，遣礼部尚书李鸿藻为正使、总管内务府大臣续昌为副使，持节诣皇后邸行大征礼。正月二十六日，遣大学士额勒和布为正使、礼部尚书奎润为副使，持节奉册宝诣皇后邸，册立叶赫那拉氏为皇后。行册立礼的同日，遣额勒和布和奎润为正、副使，持节诣皇后邸行奉迎礼。

正月二十七日凌晨，叶赫那拉氏于邸第升凤舆，由大清门进入皇宫，进坤宁宫洞房，与光绪行合卺礼。这年光绪18岁，叶赫那拉氏21岁。

清宫档案《光绪大婚典礼红档》详细记载了光绪与叶赫那拉氏大婚后第二天即正月二十八日一天的活动情况。

"二十八日寅时，福晋等恭候皇后冠服，戴凤钿，穿明黄五彩龙袍，八团五彩有水龙褂，戴项圈、拴辫手巾，正珠朝珠，毕。皇帝率皇后诣坤宁宫西案、北案前行礼。次诣灶君前上香行礼。皇帝还东暖阁，升南床居左，皇后升南床居右，相向坐。内务府女官恭进宴桌，福晋等恭侍宴毕，皇帝、皇后乘轿，提炉前导，出顺贞门、神武门，进北上门，诣寿皇殿列圣圣容前拈香行礼。还，诣承乾宫孝全皇后（道光帝的皇后、咸丰生母）御容前，毓庆宫孝静皇后（道光帝的皇后）御容前，乾清宫咸丰、同治圣容前，建福宫孝德皇后、孝贞皇后神牌前，拈香行礼，毕。诣储秀宫皇太后（慈禧）前跪进金如意，行礼，毕。皇太后赐皇帝、皇后金如意，毕。还养心殿，诣东佛堂庄顺皇贵妃（道光帝妃，醇亲王奕母）神牌前拈香行礼，毕。皇帝升明殿宝座，皇后诣皇帝前跪递金如意，皇帝赐皇后金如意，毕。皇后率嫔御等诣皇帝前行礼。皇后由吉祥门还钟粹宫佛前拈香，毕。升前殿宝座，嫔御等率公主、福晋、命妇等诣皇后前行礼。"

尽管光绪、叶赫那拉氏和慈禧三人之间互相递了许多如意，但后来的事实表明，这门婚事他们三人都极不如意。

　　皇后叶赫那拉氏是"后党"的重要成员，事事站在慈禧的立场上，与光绪作对，这让光绪对其极其厌恶。他们俩名为夫妻，实际上形同陌路，甚至还是政敌。本来就没有感情的婚姻，又加上政治上的分道扬镳，使他们终生不如意。慈禧将自己侄女嫁给自己外甥，目的就是在宫闱椒房，探悉皇帝的内情，控制和操纵皇帝，为以后母族秉政、太后垂帘听政做铺垫。

唇亡齿寒噤若寒蝉

　　大婚之夜，光绪对叶赫那拉氏异常冷淡，根本不像新婚夫妻。原来光绪根本就没看中这位表姐，他看上的是德馨家的二女儿，却惧于慈禧而放弃了。此时的光绪只能把婚姻不能做主的怨气撒到叶赫那拉氏身上，加上他还很清楚这位表姐是慈禧安插在自己身边的耳目，内心便更加抗拒。

　　叶赫那拉氏自被从大清门抬进皇宫以后，虽然备受慈禧宠爱，却没有得到光绪的半点温情。婆媳之情同夫妻之爱本来就不是一回事。尽管光绪皇后的桂冠令人羡慕，却无法消解她心中的幽怨。长期受冷落，渐渐地让她的内心失去了平衡。夹在慈禧与光绪之间，她必须做出选择：要么站在慈禧一边对付光绪，要么尽量讨光绪的喜欢，站到慈禧的对立面。利益的权衡以及光绪对珍妃的宠爱，最终让其下定决心匍匐在慈禧的淫威下。只有这样她才能在珍妃面前摆皇后的谱，借慈禧实现狐假虎威，找回皇后的尊严。

有一回，头脑简单、没眼色的叶赫那拉氏在光绪面前数落珍妃的不是，光绪大光其火，一气之下打了叶赫那拉氏。恼怒委屈的叶赫那拉氏只好跑到慈禧那里去告光绪的状，从此慈禧成为她唯一可以仰仗的人，她与光绪之间划开了一条难以跨越的鸿沟。

尽管如此，戊戌政变的爆发，还是让这位无能的皇后又惊又怕。慈禧不仅把光绪囚禁在瀛台，还颁发了一道懿旨，说光绪生病，不能管理朝政，太后不得已，将再次"临朝训政"；而且慈禧已经有了废掉光绪之意。虽然叶赫那拉氏同光绪从一开始就不合，但是光绪一旦被废黜，自己便是废帝之后，那么仅存的一点虚名也没有了。想到这里叶赫那拉氏禁不住心乱如麻。

瀛台三面环水，通向陆地的一面有士兵把守。入冬后，寒风刺骨，瀛台冷得就像冰窖一样。光绪所居之处，窗户上的纸早已破烂，四处漏风，被褥甚至都露出了棉絮。内务府出身的户部尚书立山实在看不下去，就瞒着慈禧帮光绪把窗户糊好了。不想此事传到了慈禧的耳朵里，她把立山找去打了一顿耳光，还把光绪叫到跟前说："祖宗起漠北，冒苦寒立国，汝乃听朝而畏风耶？"

言下之意，这点风寒都受不了，怎么对得起艰难起家的列祖列宗？此事之后，更无人敢对光绪表示同情了。而立山最终还是为此事付出了生命的代价，在闹义和团时，立山因主张议和被慈禧处死。

　　虽说同样惧于慈禧的淫威，叶赫那拉氏还是不禁对光绪动了恻隐之心。光绪可怜，她也同样可怜——大家都是慈禧手中的傀儡，没有爱情、没有婚姻、没有自由，任何事情都要以慈禧的意志为转移，说得好听，她是大清国的皇后，说得不好听，她也不过是慈禧身边一个奴才罢了。一旦惹得慈禧不高兴，她同样也会被推到万劫不复的深渊！

　　叶赫那拉氏虽然同情光绪，但又能和光绪能说什么呢，而光绪又肯同她说点什么呢？光绪对慈禧和她已经恨之入骨，又怎会不知道叶赫那拉氏来看他的意图？每次叶赫那拉氏来看他，他大多时候都闭上眼睛一言不发，直到叶赫那拉氏离开。有时候还会情绪激动，做出一些过激的事情来。

　　一日，叶赫那拉氏一句话说得不合适，光绪便怒气冲冲地将她头上的发簪拔下来扔到地上掷碎。那个发簪是慈禧赏给她的乾隆时期的遗物。光绪的一腔愤怒其实是冲着慈禧的，但是却只能发在叶赫那拉氏这个替身身上。叶赫那拉氏一直没能走进光绪的心里，在光绪心里她只是慈禧安插在自己身边的棋子。心情好时，她是太后指定的皇后；心情不好时，她就是慈禧的替身。

光绪之死

光绪三十四年（1908 年）十月，慈禧病重。病中的慈禧听说，光绪得知她病情后面带喜色，便勃然大怒。心中的愤恨和不安让她决定必须让光绪死在自己前面。

很快光绪就病了，而且病得很重。给光绪看病的太医换了一轮又一轮，诊断并不一致，但病情却一日重却一日，宫里只好又请了一位德国医生来看诊，洋医生走后，宫里纷纷传言：光绪不是得了平常的病，而是砒中毒，光绪的病只要是慈禧还在世就是神仙也无力回天。眼看着慈禧就要不行了，年轻的光绪却在慈禧死前一天闭上了双眼。

光绪三十四年（1908 年）十一月二十一日，光绪死于西苑（今中南海）瀛台涵元殿。

噩耗传出，朝野震惊。光绪自被慈禧"废黜"之后，过了整整十年的幽禁生活，长期的忧闷，无处发泄，身体一直不好，所谓"怫郁摧伤，奄致殂落"。从清宫太医院档案选编的《慈禧光绪医方选议》一书，可以看出光绪体弱多病。该书所选有关光绪 182 个医方中，神经衰弱方 64 个，骨骼关节方 22 个，种子长寿方 17 个等。然而光绪虽常年多病，却无危及生命的大病，如今突然死亡，实在可疑。更让人疑惑的是光绪竟然恰巧死在慈禧去世的前一天，这样微妙的时间，不得不让人生疑。于是，光绪被人谋害致死的说法，开始在宫内宫外流传。

　　宫里人说光绪是病死的，属于正常去世，这太医都是有记载的。

　　根据光绪37岁时的病案得知，他遗精已经将近二十年了，前几年每月遗精十几次，近几年每月二三次，经常是无梦不举就自行遗泄，冬天较为严重，腰腿肩背经常感觉酸沉，稍遇风寒，耳鸣头疼。从现代医学角度来看，光绪患有严重的神经官能症、关节炎和骨结核等疾病。

　　光绪三十四年（1908年）三月初九日，脉案记载：皇上肝肾阴虚、脾阳不足、气血亏损，病势严重。在治疗上不论是寒凉药，还是温燥药都不能用，处于无药可用的地步。

　　五月初十日脉案记载：调理多时，全无寸效。七月十六日，江苏名医杜钟骏看过光绪的病症说："我此次进京，以为能治好皇上的病，博得微名。今天看来，徒劳无益，不求有功，只求无错。"九月的脉案记载：病状更加复杂多变，脏腑功能已经失调。

　　十月十七日，三名御医会诊脉案记载：光绪的病情已经出现肺炎症，及心肺衰竭的临床症状。他们一致认为光绪已是极度虚弱，元气大伤，病情危重。十月二十日，光绪的脉案记载：夜里，光绪开始进入弥留状态、肢体发冷、白眼上翻、牙关紧闭、神志昏迷。十月二十一日，脉案记载：光绪的脉搏似有似无，眼睛直视，

张口倒气。傍晚时，光绪死。除此之外下面排比正史及一些其他
文献资料，可以看出光绪病情变化。

光绪三十四年（1908 年）十月：

初一日，光绪诣仪鸾殿，问慈禧皇太后安。《清德宗实录》记载，
自癸酉至戊辰"皆如之"，就是从初一日至十六日，每天都是如此。

初二日，奉皇太后御勤政殿，日本使臣伊集院彦吉觐见。又
到仪鸾殿向皇太后问安。

初三至初五日，都是"到仪鸾殿，向皇太后问安"。

初六日，上御紫光阁，赐达赖喇嘛宴。又到仪鸾殿，向皇太
后问安。

初七、初八日，都是"到仪鸾殿，向皇太后问安"。

初九日，奉慈禧皇太后"幸颐年殿，侍晚膳，至癸亥（十一日）
皆如之"。

初十日，慈禧皇太后生日，光绪率百官至仪鸾殿行庆贺礼。
幸颐年殿，侍太后晚膳。

十一日至十六日，都是"到仪鸾殿问皇太后安。幸颐年殿，
侍皇太后晚膳"。

十七日至十九日，御医屈贵庭说，他在光绪临死前三天给光
绪看病。光绪病情突然恶化，在御榻上乱滚，大叫肚子疼。

二十日，《清德宗实录》记载："上不豫"，光绪病。懿旨："醇

亲王载沣之子溥仪，著在宫内教养，并在上书房读书。"又懿旨：
"醇亲王载沣，授为摄政王。"

二十一日，"上疾增剧"，光绪病重。"上疾大渐"，病危。
酉刻，光绪崩于西苑瀛台之涵元殿。

二十二日，慈禧皇太后叶赫那拉氏疾大渐，未刻，崩于仪鸾殿。

很多学者根据清宫医案的这些记载认为：光绪从开始病重，
一直到临终，病状逐渐加剧，既没有中毒的迹象，也没有暴死的
征象，属于正常死亡。

虽然清代官方文献和宫廷档案表明：光绪是病死的。但从光
绪死的那天开始，人们就怀疑他是非正常死亡。人们总觉得他死
在慈禧前面，而且只比慈禧早死了一天，这件事太奇怪了！

如果不是光绪的陵寝被盗，光绪死亡之谜也许依然不会解开。
崇陵被盗，地宫被打开，科学家们对光绪的头发和遗骨进行了检测，
发现其中砷含量严重超标，根据检测结果，他们将光绪的死因归
为急性砷中毒，通俗一点讲就是光绪是被砒霜毒死的。那到底是
谁毒害了光绪呢？对此也有很多猜测。

第一，慈禧临终前派人毒死光绪说。《崇陵传信录》和《清
稗类钞》等书里认为：慈禧病危期间，唯恐在自己逝后，光绪重
新执政，推翻前案，倒转局势，于是令人下毒手，将光绪害死。《我

的前半生》一书载述："有一种传说，是西太后自知病将不起，她不甘心死在光绪前面，所以下了毒手。"人们普遍认为：年仅38岁的光绪，反而死在74岁的慈禧的前面，而且只差一天，这不会是巧合，而是慈禧处心积虑的谋害。

第二，李莲英毒死光绪说。英国人濮兰德·白克好司的《慈禧外传》和德龄的《瀛台泣血记》等书，认为清宫大太监李莲英等人，平日里仗着主子慈禧的权势，经常中伤和愚弄光绪，他们怕慈禧死后光绪重新掌权，对自己不利，就先下毒手，在慈禧将死之前，先把光绪害死。

第三，袁世凯毒死光绪说。溥仪在《我的前半生》一书中，谈到袁世凯在戊戌变法时，辜负了光绪的信任，在关键时刻出卖了光绪。袁世凯担心一旦慈禧死去，光绪决不会轻饶他，所以就借进药的机会，暗中下毒，将光绪毒死。

对于光绪而言，除他的生母之外，影响他最大的女人便是慈禧。慈禧既是光绪的恩人、亲人，又是光绪的仇人、敌人。据瞿鸿《圣德记略》载述，慈禧对光绪也有怨气："外间疑我母子不如初年。试思皇帝入承大统，本我亲侄；以外家言，又我亲妹之子，我岂有不爱怜者？皇帝抱入宫时才四岁，气体不充实，脐间常流湿不干，我每日亲与涤拭。"所以，光绪不听话，搞变法维新，慈禧既痛又气。

但慈禧过分的苛刻，以及她的过于霸道，都让光绪心生恐惧与不满。在戊戌变法以前，尤其是光绪入继的早期，慈禧和光绪的感情是很好的，慈禧作为他的姨妈和伯母，也是真的心疼过他。他们之间是一种极其复杂的情感，有不共戴天之仇恨，也有不可割舍的骨肉亲情。

没落太后甘苦自知

光绪去世后，叶赫那拉氏一直胆战心惊：光绪没有儿子，下一位继承人如果是同治的后嗣，就意味着新皇帝不再与光绪有关联。那么，自己这个老皇后该怎么办？幸好，慈禧还记挂着这位苦命的侄女，最终择定醇亲王载沣的儿子溥仪为同治的继承人兼祧光绪。

虽说载沣是光绪的弟弟，但他的儿子被选中主要归因于他的福晋是荣禄的女儿，慈禧要酬谢帮她发动戊戌政变的人，便把皇位继承人赏给了荣禄的外孙。溥仪虽是光绪的侄子，却不是他的继承人，还是在庆亲王奕劻的恳求下，慈禧才同意兼祧光绪，叶赫那拉氏这才长长舒了口气。

就这样，光绪死后，慈禧立醇亲王载沣的儿子溥仪为新君，指定载沣为摄政王，并把皇后叶赫那拉氏推上了皇太后的宝座，即后世所称的隆裕皇太后。

　　这位没有享受过一天夫妻温情的皇后，处境尴尬，但她又无力、无才、无德去改变这种状况，只能向慈禧哭诉，只能持着对光绪不满、对珍妃妒恨的这种极不平衡的心态，度日如年。

　　慈禧以一己之私，毁了一对年轻人的终身幸福，使他们长期处于痛苦之中，最后以悲剧结束。后人在看待这出闹剧时，多将同情的眼光投向光绪和珍妃，尤其因为珍妃的冤死，更将隆裕视为进谗者和慈禧的帮凶。其实，隆裕又何尝不是一个受害者呢？她也渴望真挚的爱情、美满的婚姻，对生活也有美好的期望。可是作为慈禧手中的一颗棋子，她注定摆脱不掉被利用的命运。纵使自己的亲姑母可以帮她除去情敌，却不能强迫光绪去爱她，更无法排解她内心的失落和孤独。作为一个女人，隆裕是失败的。

　　光绪死了，慈禧死了，多年受制于人的叶赫那拉氏，成为了紫禁城最高的掌权者，然而她真的可以掌握自己的命运吗？

　　"嗣后军国政事，均由摄政王裁定，遇有重大事件，必须取皇太后懿旨者，由摄政王面请施行。"

　　这是一道慈禧以幼帝的名义发布的谕旨。

　　隆裕本想效仿慈禧垂帘听政，把朝政大权抓在自己手中，但她实在是一个庸碌无识的人，才智远逊于其姑母慈禧。慈禧可能对自己的侄女太了解了，深知她无才无德，没有能力撑起大清朝的重担，在光绪驾崩当天，就命溥仪之父、第二代醇亲王载沣为监国摄政王，"所有军国政事，悉秉承予之训示，裁度施行"。不过第二天，慈禧又有所改变，她在懿旨中说："隆裕与溥仪昨经降旨，特命摄政王为监国，所有军国政事，悉秉承予之训示，裁度施行。现予病势危笃，恐将不起，嗣后军国政事均由摄政王裁定；遇有重大事件，必须请皇太后懿旨者，由摄政王随时面请施行。"

隆裕垂帘听政的梦想虽然成了泡影，但慈禧为了维护和巩固自己娘家在朝廷中的地位，还是给了她一定的干预朝政的权力。

历史的转角

三岁的溥仪即位，改元宣统，隆裕太后像当年的慈禧一样，开始在宣统皇帝溥仪身后垂帘听政了。

优柔寡断的隆裕当上太后以后，非常信任一个名为"小德张"的太监。在李莲英告老还乡后，机灵、有心计的小德张很快成为隆裕太后的大总管。

宣统是同治的继承人兼祧光绪，同治时期的三位妃子也是宣统的母亲，本来太后应该在同治三位妃嫔中产生。隆裕不过是仗着慈禧才得到太后之尊，加之隆裕对同治留下来的三位妃子并不尊重，因而三人对其特别不满，因此在慈禧下葬后，同治的三位妃子就赌气说不回宫了，要在东陵为慈禧守陵，给了隆裕一个下马威。

面对突发情况，隆裕乱了方寸。以前后宫之事都有慈禧为她做主，她早就习惯了请示和服从，现在慈禧死了，她根本没有独立解决问题的能力，她顿时不知所措，不知该如何对付三位皇嫂。

幸好小德张反应快，他赶忙对三位太妃说，既然这样，皇太后马上替各位在东陵盖房子，成全各位守陵的孝心。

瑜妃等人并非要真心想要守陵，不过是不愿意从此开始受隆裕的管制，她们这样要求，半是赌气，半是让隆裕难堪罢了，结果小德张却让她们哑巴吃黄连。三位太妃心有不甘，又在身边太监的怂恿下，决定赶在隆裕回宫之前抢回皇太后的金印。可小德张却事前听到了风声，以最快的速度将隆裕护送回宫，抢先一步拿到皇太后的金印，并且和载沣一起，完成了太后册封的正式仪式。

隆裕被册封为太后之后，小德张向隆裕进言，认为三位太妃平日安分寡言，却突然在太后即位这件事上闹得如此沸沸扬扬，肯定是身边那些大太监的阴谋诡计。他们无非是希望主子们中有一个当上太后，自己也好鸡犬升天，因此他建议必须把那些有野心的太监赶出宫，否则难得安宁。

为此小德张拟了一张单子，上面列有以三品总管杜兰德为首的36名高级太监的姓名，小德张说这些人在宫中号称"三十六友"，平日拉帮结派，朋比为奸，经常向各自的主子进谗言，不除去不足以整顿后宫。

隆裕虽然考虑到清除那些大太监，再加上由他们管理的小太监，数量太多了，后宫会因此空缺了三分之一的职位，但她禁不住小德张反复的劝说，最后手谕内务府，将36名太监和与之关系亲近的小太监，共932人全部遣散出后宫。

头脑简单的隆裕万万没有想到，小德张通过这次事件，将异己通通都清除干净，并安插了他自己的亲信。

小德张从此权焰冲天，后宫上下无不侧目而视。小德张拼命谋私利，却无人敢过问。隆裕因为要为光绪和慈禧守孝，必须将自己黄色的轿子换成青色的，这本不需要多少钱，但经小德张手，最后结算下来，制轿费竟高达70万两，大量白银被小德张中饱私囊。

此事过后，小德张又故技重演，向隆裕进言并获准，重新装修宫中慈禧在时就已经废弃不用的数座破败佛殿。其间小德张报销的花费超过200万两。

当时有熟悉装修的内务大臣弹劾小德张报销不实，暗中为自己牟取私利，还拿着贪污的钱在外开了不少当铺和绸缎庄。隆裕却沉默不言，对奏折置之不理，实在被大臣们的奏折逼得没办法了，就说比小德张问题严重的人多得是，一个穷太监弄几个钱算不了什么,只要不干涉朝政就可以了。

有了隆裕的这句话,小德张的胆子越来越大了。他看到隆裕寂寞空虚,就趁机劝隆裕在北海建"水晶宫"。

所谓"水晶宫",就是将外墙做成玻璃幕墙、使墙体透明的宫殿,而且将打破过去传统建筑依水而建的模式,准备让"水晶宫"四面环水,这样景色更宜人。

这在当时是非常新奇的建筑,隆裕本来长年深居内宫,不谙国事,现在好不容易熬到太后,也想享受享受。于是她不顾国库空虚,预备拨出巨款兴修"水晶宫"。

诏令一出,满朝哗然,摄政王载沣最终以革命军风起云涌,军费严重缺乏为由,阻止了这场闹剧。

政治上的波谲云诡让缺乏文韬武略的隆裕经常感到力不从心,但是她却清楚地记着光绪当年是由于袁世凯的出卖,才被囚禁于瀛台。虽然光绪对隆裕无情,但是隆裕却对光绪有爱,在她心里一直有为光绪报仇的想法。

为此隆裕悄悄将此事交予载沣处理。

载沣同样也是个优柔寡断之人,他思前想后,不敢杀袁世凯。当时袁世凯正好患上足疾,载沣就以此为由强迫他退休回家了事。

隆裕虽有为夫报仇之心,却缺乏一个政治家的胆略,正是因为她的手软和少断，为自己留下了无穷后患。最后，逼宣统退位的正是袁世凯。

　　隆裕太后虽有垂帘听政之名，却无垂帘听政之实。"皇族内阁"成了隆裕制造的一个政治笑话。她手握权力，却不知道该如何治理国家，每遇难题，就推到了她信任的小德张、载沣身上。前者贪得无厌，只会为自己的利益打算；后者胆小怯懦，不堪担此重任。隆裕没有驾驭局势的能力，也控制不了日益高涨的革命舆论，更控制不了地方军事势力的发展。大清帝国到了此时，完全是气数全尽。隆裕统治下的清王朝，在四面楚歌中，一步一步走向灭亡。

　　宣统三年即 1911 年 10 月 10 日，辛亥革命随着武昌起义的枪声终于揭开了序幕。全国响应，各省纷纷宣告独立，清王朝的统治风雨飘摇。隆裕在混乱的政局面前完全慌了手脚。

　　以内阁总理大臣奕劻、协理大臣那桐为首的大臣不顾摄政王载沣的反对，趁此机会纷纷向隆裕进言，要求将袁世凯召回。而此时，西方列强也担心中国境内再一次爆发类似"义和团"的运动，也主张将袁世凯召回。

　　在内外的压力下，隆裕完全没了主意，她又将问题抛给了载沣。载沣最后顶不住压力，万般无奈地对奕劻、那桐等人说，"你们既然这样主张，姑且照你们的办"，"但是你们不能卸责"。

那桐回答他说："不用袁，指日可亡；如用袁，覆亡尚希稍迟，或可不亡。"

当历史将机遇交给隆裕的时候，她完全没有能力来把握，就这样，清廷被迫起用闲置回家的袁世凯。袁世凯被任命为内阁总理大臣，节制水陆各军。

袁世凯回京后，开始在革命党人和隆裕面前玩弄权术。他一方面宣称坚决保皇，既然"深荷国恩"，就决不会"欺负孤儿寡妇"；另一方面，袁世凯打着护卫清廷的幌子，要求隆裕立即下令，让摄政王载沣下野，永远不准干预政事。

隆裕本来就头脑简单，哪里是袁世凯的对手，只好立刻照办，赶走了摄政王载沣。

接下来，袁世凯还要在这个衰落的帝国身上再捞最后一把。他宣称军饷不足，不能对革命军开战，上奏隆裕说："库空如洗，军饷无着"。隆裕百般无奈，只好要求王公大臣购买短期国债，"毁家纾难"以筹得军饷，虽多方筹措，但得款有限。

袁世凯还不甘心，以军饷不足，恐军心不稳为由再一次警告隆裕：若一边催促抗敌，一边又吝啬军饷，"是置我于死地"。在袁世凯的步步紧逼之下，隆裕只好动用国库内存，将八万两黄金交予袁世凯。

但其结果根本不是隆裕所期待的——袁世凯安心替大清帝国

效力，老奸巨滑的袁世凯此时不过是在坐收渔人之利：一方面，他利用革命党的势力向隆裕施加压力，逼迫清帝退位；另一方面，又利用手中掌握的清朝军队迫使革命党人妥协，并最终同革命党人秘密达成协议：一旦他成功使清帝退位，孙中山就要拥戴他当民国总统。

是退位还是力战，清廷召开了多次御前会议讨论，会上争论激烈，各持己见，达不成共识。

女中尧舜，结束帝制

1912年1月16日，袁世凯同早已串通好的内阁大臣上奏隆裕，冠冕堂皇地鼓吹起革命来："环球各国，不外君主、民主两端，民主如尧舜禅让，乃察民心之所归，迥非历代亡国可比。"接下来又对隆裕引经据典，以大义晓之，暗示隆裕如果不同意宣统退位，恐怕性命都将不保："……读法兰西革命之史，如能早顺舆情，何至路易之子孙，靡有孑遗也……我皇太后、皇上何忍九庙之震惊，何忍乘舆之出狩，必能俯鉴大势，以顺民心。"

袁世凯在出宫时正好遇到了革命党的袭击，袁世凯趁机不再上朝，由他在朝中的亲信继续"逼宫"。局势愈演愈烈，隆裕每天食不甘味。载沣已不在身边，她只有请教最信任的小德张。不料此时小德张已被袁世凯用300万两白银重金收买，并且他还暗地里与后来的许多民国官员称兄道弟，为自己留好了退路。因此小德张一边故意向隆裕夸大革命军的势力，一边又细数袁世凯开出的退位优待条件，暗示太后应该退位。

孤儿寡母，无依无靠，连亲信都力劝退位，隆裕五内如焚，毫无主见的她，唯有抱着宣统痛哭流涕。袁世凯软硬兼施，以"优待条件"为诱饵，逼迫清帝退位。

就在这时，宗社党首领良弼遇刺。所谓"宗社党"，是由满族贵族组成的保皇党，他们在多次与袁世凯的爪牙激烈争辩后自发组织而成，良弼是宗社党中最强硬的一位，他在袁世凯表明希望隆裕共和之后，曾公开宣称要与袁世凯同归于尽。良弼被革命党的炸弹炸断了一条腿，在送进医院后又被袁世凯派去的爪牙用药酒毒死。

良弼的死让隆裕彻底失去了抵抗的信心，此时她已经顾不上皇太后的尊严，对袁世凯手下干将梁士诒、赵秉钧哭着说："你们回去好好对袁世凯说，务必保全我们母子两人的性命。"

她除了拉拢袁世凯，已经没有别的办法了。她立刻宣布封袁世凯为一等侯爵，但袁世凯的目标是当民国总统，一个即将灭亡的王朝侯爵对他来说已没有任何吸引力。大势已去的隆裕无论如何拉拢，也不能留住袁世凯的心了。

　　在清朝王公的建议下，隆裕向袁世凯提出保留君主政体，也就是允许君主存在，但君主不干预政治。结果就连这个折中的办法都没有得到革命党和袁世凯的同意。

　　走投无路的隆裕只好授权袁世凯与革命党进行谈判，希望革命党能网开一面，优待清朝的遗老遗少。谈判的最后结果包括两份文件：第一份文件列举满蒙回藏各族待遇条件，第二份文件列举了清帝退位后的优待条件和此后清皇族的优待条件。

　　隆裕流着泪读完退位文件，提出了三点要求：第一，保留"大清皇帝尊号相承不替"十字；第二，不提"逊位"两字；第三，宫禁和颐和园可以随时居住。隆裕的这三点要求，其实是想为将来满族东山再起留下后路。只可惜，尊号"相承不替"，不等于清朝皇帝就可以永远保留；不提逊位，也不意味着还能够继续统治中国。

　　1912 年 2 月 12 日，隆裕连发三道懿旨，宣布大清皇帝辞位，实行立宪共和国体。第一道懿旨后来被人们称为"退位诏书"，上面有袁世凯等 11 位各部院大臣的签字。第二道懿旨劝谕臣民。第三道懿旨公布《关于大清皇帝辞位之后优待条件》《关于满族待遇之条件》《关于满、蒙、回、藏各族待遇之条件》。这三道懿旨的颁布，标志着有着 268 年历史的大清王朝统治的覆灭，中国两千多年封建君主制的结束。

1912 年 2 月 12 日，隆裕召开了她一生中最后一次御前会议，宣读了宣统皇帝退位诏书。

退位诏书以宣统皇帝的名义拟出："朕钦奉隆裕太后懿旨，前因民军起事，各省响应，九夏沸腾，生灵涂炭，特命袁世凯遣员与民军代表讨论大局，议开国会，公决政体。两月以来，尚无确当办法……徒以国体一日不决，故民生一日不安。今全国人民心理多倾向共和，南中各省既倡议于前；北方诸将亦主张于后，人心所向，天命可知，予亦何忍因一姓之尊荣，拂兆民之好恶。用是外观大势，内审舆情，特率皇帝将统治权公之全国，定为共和立宪国体……袁世凯前经资政院选举为总理大臣，当兹新旧代谢之际，宣布南北统一之方，即由袁世凯以全权组织共和政府，与民军协商统一办法……仍合汉满蒙回藏五族完全领土为一大'中华民国'，予与皇帝得以退处宽闲，优游岁月，长受国民之优礼，亲见郅治之告成，岂不懿欤！钦此。"退位诏书写得虽然冠冕堂皇，而隆裕又哪里是心甘情愿地"退处宽闲，优游岁月"呢？诏书读至一半，隆裕终于忍不住泪流满面，王公大臣亦呜咽不已。

最后一位皇太后

袁世凯成为中华民国的大总统之后，隆裕才发现自己被欺骗了。从此她便深居宫中，很少与外人接触。

根据《优待条件》，溥仪退位之后，仍居住在紫禁城的后半部分，称内廷（也称后寝），即从乾清门往北的东西十二宫、慈宁宫、宁寿宫等处。失去大权的强烈失落感、内心的负罪感使隆裕终日忧郁、闷闷不乐。

袁世凯因为不愿意南下任职，1912年2月29日，唆使亲信曹锟发动"北京兵变"。遭散兵抢劫的居民和商家就有四千余户，损失白银九百多万两，外国大使馆亦被洗劫。

隆裕当日在宫中也听到炮响，事后更听说自己的娘家遭到洗劫。这距离《逊位条例》签署还不到一月，当初逊位条款中保护满人利益的内容早被袁世凯丢到脑后了。

抑郁的隆裕再也没有能力关注这些国家大事了，转而将注意力投向了逊位的宣统。她想全心思抚养溥仪，享受一下普通人的天伦之乐。但溥仪并不听话，这让隆裕非常灰心，一颗爱子的心便也冷了下来。

而同样让隆裕抑郁的还有与同治的瑜、珣、瑨三位太妃的不睦。因为宣统帝溥仪是承祧穆宗为嗣，又兼承德宗之祧，也就是说既是同治的儿子，又是光绪的儿子，这样同治和光绪的后妃都是溥仪的母亲。虽然隆裕是光绪的皇后，但是同治的妃子却为长，关系处理起来比较尴尬。如果隆裕能够以诚相待，大家也可以相安无事，可是偏偏隆裕以皇太后自居，处处看不起几位皇嫂。

同治三妃中的瑜妃赫舍里氏，据说是同治四妃嫔中最漂亮的。她身材修长，艳丽超群，而且聪明机智，精通文墨，琴棋书画无所不能，宣统即位后，被尊封为瑜皇贵妃。隆裕晋尊为皇太后之后，瑜妃前去拜见，隆裕却让她跪见并口称奴才。瑜妃对此非常生气。《清稗类钞》一书记载了这么一件事：慈禧入葬山陵时，隆裕、瑾妃及同治三妃都参加了葬礼。礼毕，三妃不肯回宫，表示要追随慈禧于地下。虽然有小德张在当时将了她们一军，但毕竟不能真那样办。于是摄政王载沣派贝子载振前去迎接。瑜妃十分严肃地对载振说："皇上是专继德宗，抑系兼继穆宗？"载振回答："兼继穆宗。"瑜妃说："既兼继穆宗，孝钦后及孝哲后今已宾天，则穆宗一系，我为之长。皇上既系过继，何得独以隆裕太后为母，而我为奴才？"载振力请三妃回宫后从长计议。瑜妃表示，与其回宫做奴才，还不如追随慈禧皇太后于地下，珣妃、瑨妃也在旁附和。载振无奈，返回京师，与摄政王载沣、庆亲王奕劻等商定，晋封三妃为太妃，不称奴才，"礼请还宫，警跸而入"，并增加了三妃的月费。溥仪在《我的前半生》一书中，也讲到了同治三妃联合瑾妃找王公说理，争"太妃"身份的事，但没提到参加慈禧葬礼不回的情节。根据中国第一历史档案馆藏的《孝钦显皇后升遐记事档》记载，隆裕及瑾妃、瑜妃、珣妃、瑨妃确实都前往遵化东陵参加了慈禧的葬礼。

看来，隆裕与三妃不睦的传言并非无中生有。

　　逊位的压力使隆裕失落到了极点，她起居无常、饮食无律，经常不按时睡觉，也没有食欲。她经常在后宫漫无目的地走来走去，太监只好提着个水果袋子跟着她，想吃东西了就让她吃一点……很快郁郁寡欢的隆裕，就一病不起。民国二年正月十七日即公元 1913 年 2 月 22 日凌晨，隆裕撒手人寰，终年 46 岁。

　　据载，隆裕死时，身边只有溥仪、总管内务府大臣世续和两三个宫女。

　　临死之前，她要太监将逊位的宣统皇帝溥仪抱到身边，对周围的人说："你们不要难为他。"她还对世续说："孤儿寡母，千古伤心，睹宫宇之荒凉，不知魂归何所。"又对溥仪说："汝生帝王家，一事未喻，而国亡，而母死，茫然不知。吾别汝之期至矣，沟渎道途，听汝自为而已。"

　　当天，掌礼司太监用鹅黄吉祥轿将隆裕遗体移送到皇极殿。

　　民国政府对隆裕的去世十分重视。总统袁世凯下令全国下半旗致哀三日，文武官员穿孝二十七日。参议院除下半旗外，于 2 月 26 日休会一天。2 月 28 日为祭奠之期，袁世凯臂戴黑纱，举哀致祭，并出赙金三万元。国务员蔭昌奉总统之命到皇极殿几筵前恭代致祭后，国务总理赵秉钧等民国要员一一前往皇极殿吊唁。

许多军政要员纷纷致电清室，对隆裕的病逝表示哀悼。副总统黎元洪在唁电中称赞隆裕"德至功高，女中尧舜"。山西都督阎锡山在唁电中说："皇太后贤明淑慎，洞达时机，垂悯苍生，主持逊位，视天下不私一生，俾五族克建共和。盛德隆恩，道高千古。"参议院议长吴景濂也对隆裕进行了肉麻地吹捧，他说："隆裕太后以尧舜禅让之心，赞周召共和之美。值中国帝运之末，开东亚民主之基。顺天应人，超今迈古。"

在吴景濂的倡议下，3月19日在太和殿召开了国民哀悼大会。灵堂上方悬挂着"女中尧舜"的白色横幅，灵堂正中摆放着隆裕像，灵堂内所有外露的梁柱均用白布包裹着。殿堂内摆满了挽联、花圈，穿着清式丧服和现代军服的仪仗队在灵堂前左右站立，这在清代皇后丧礼中是最具特色的。

1913年4月3日早晨，隆裕太后的梓宫由火车运往清西陵，当天下午到达西陵梁各庄行宫，暂安于殿内。十年前即光绪二十九年（1903年）三月初八日，还是皇后的隆裕随慈禧、光绪谒西陵时乘坐的就是火车，当时是从北京永定门火车站登车出发的。她是大清国首次乘火车谒陵的人员之一，也是死后梓宫用火车奉移山陵的唯一的一位皇后。

虽然光绪在位长达34年，但生前却未营建陵寝。光绪死后，朝廷才派大臣择定易县西陵的金龙峪为崇陵陵址，于宣统元年

（1909）二月初八日卯时破土，于闰二月十七日兴工，陵寝规制仿同治的惠陵。崇陵工程尚未进行到一半，清王朝就灭亡了。《优待清室条件》第五款规定："德宗崇陵未完工程，如制妥修。其奉安典礼，仍如旧制。所有实用经费，均由中华民国支出。"清王朝灭亡后，崇陵工程曾停顿一段时间，后来，经皇室与民国政府协商，崇陵工程得以继续进行。

1913年12月13日6时45分，隆裕的梓宫随光绪梓宫从梁各庄行宫奉移崇陵，下午3点30分正式葬入崇陵地宫。光绪梓宫位于棺床正中，隆裕梓宫位于左（东）侧。崇陵是中国封建社会营建的最后一座皇帝陵，隆裕是中国最后一位入葬皇帝陵的皇后，谥号：孝定隆裕宽惠慎哲协天保圣景皇后。

隆裕作为退位太后，与其他朝代的亡国太后相比，既有相同之处，也有不同之处。

晚清社会，无论在政治上、经济上还是思想上都发生重大变化，隆裕退位不仅是清王朝的灭亡，也是中国2000多年封建帝制的结束。面对历史大潮所向，隆裕还是选择对了，顺应了历史的发展方向。

第八卷 婉容与文绣：
国破山河碎，红颜凋零落

　　婉容和文绣是大清最后的"皇妃"，也是最悲惨的皇妃，她们从没有在"皇帝"那里得到真正的男欢女爱，也从来没有得到臣民"母仪天下"的尊重。她们是封建末路的残余，被市井小民津津乐道；她们是不得宠爱的弃妇，私生活被下人指指点点。

　　时至今日，她们仍然是茶余饭后的谈资，人们或是异于婉容的清丽容颜，或是赞于文绣敢为天下先的勇气，可是谁又能真切地体会她们后世的潦倒呢？紫禁城高高的城墙困住了她们的前半生，时代的枷锁却锁住了她们后半生新生活的希望。

皇后与淑妃

　　郭布罗·婉容，达斡尔族，旗籍满洲正白旗，1906 年 11 月 13 日出生于内务府大臣荣源府。婉容的父亲郭布罗·荣源，是位开明人士，时任内务府大臣，一向主张男女平等，认为女孩子应该和男孩子同样接受教育。"婉容"二字及她的字"慕鸿"皆来自《洛神赋》："翩若惊鸿，婉若游龙。"

　　除了教她读书习字、弹琴绘画，荣源还特意聘请了于中国出生的美国人任萨姆女士（Miss Isabel Ingram）为英语老师。婉容作为一个达斡尔族旗人家的小姐，优裕富足的生活环境、显赫的家族地位、充分的民族文化及传统文化的教育都对她产生了深刻的影响。

1922 年，已满 16 岁的婉容因其容貌端庄秀美、清新脱俗，且琴棋书画无所不通而在满清贵族中闻名遐迩。同年，婉容被选入宫，成为清朝史上最后一位皇后。

然而婉容的当选并不是因为她的美丽与多才深得溥仪喜爱。她是在瑾皇贵妃（端康皇贵妃）的坚持下，才被溥仪勉强圈点的，溥仪第一个圈中者为文绣而非婉容，但文绣长相平平，家室也比较平凡。而当时 17 岁的婉容却出落得美丽高贵且家世显赫，经过权衡，最后溥仪还是选了婉容当皇后。而文绣既被皇帝圈上了，也不能再嫁别人，于是成为妃子。

1911 年，中国延续了 2000 多年的帝制结束，从君主制走向共和制。当时的中华民国政府给予清室的优待条件是"大清皇帝辞位之后，尊号仍存不废，中华民国以各外国君主之礼相待"。为此，逊帝溥仪的婚礼还是完全照搬皇帝大婚的礼仪，民国政府特准皇后的"凤舆"从东华门抬进紫禁城的后半部。1922 年 11 月 30 日，婉容成为名义上的皇后。

与末代皇后婉容同时期进宫被封为淑妃的文绣，不论是在当时的现实生活中，还是日后无数电影戏剧中，都注定是以婉容为主的一个配角。

溥仪婚后的头两年，三人关系相处得还算融洽。婉容是名门闺秀，接受的是开明的西式教育，加之正宫娘娘的尊贵身份，不免有些高傲与霸道。文绣出身于一个破落的满洲贵族，接受的是传统的三从四德的教育，对嫡庶差别分得很清，所以对婉容的霸道也能够容忍。

溥仪之于二人也能够一碗水端平，他与婉容有共同语言，夫唱妇随，恩恩爱爱；对文绣也还算可以：文绣不会英语，溥仪为此特地为她聘请老师教习，有时也去她的宫里坐坐、聊聊天、关心她的学习进步。溥仪出宫也常常将婉容、文绣一同带在身边。

文绣入宫之初，溥仪并不是很喜欢她，但是时间长了，发现这个女孩子身上有很多优点，于是就开始慢慢接近她。溥仪得知文绣很爱学习，就给她找来了老师，甚至于在溥仪随婉容学习英文的时候，也不忘给文绣也请一个英文老师。文绣喜欢养花，溥仪还陪着她在长春宫里面养了很多的花草。文绣喜欢听京剧，溥仪就特意送给了她一台留声机。虽然不是独宠，但那段时光，对于文绣来说确实是惬意的。

可惜，好景不长，没过多久，婉容就把溥仪从文绣身边拉了回去。在婉容与文绣发生矛盾的时候，由于婉容的盛气凌人，使得想要息事宁人的溥仪也总是站在婉容这一方，渐渐地，为了减少麻烦，溥仪就减少了与文绣的接触。

两个人的宫斗

　　二女共侍一夫，免不了有所猜忌、吃醋，这也是情理之中的事，本不足为奇。可婉容与文绣为此经常生事，有时竟闹到溥仪面前，让圣上为她们"断官司"，这种现象在以前的宫廷中是闻所未闻的。溥仪起初还能公平决断，但为了减少和婉容的啰唆，就很少到文绣的宫里去了。就像溥仪自己说的"差不多我总是和婉容在一起，而经常不到文绣所住的地方去"。

　　后妃的争斗中，溥仪的天平越来越倾向于婉容，对文绣越来越疏远。这种厚此薄彼的现象到三人住进天津张园后变得越来越明显。来到天津后，新鲜的生活，让婉容容光焕发，她迅速地加入到时代潮流中，换上了时新的衣服还烫了头发。她以伊丽莎白的名字穿梭于各大社交场所，成为走在时代尖端的摩登女郎。归于平民生活的溥仪非常享受，花不完的钱财和空前的自由，让生活变得五光十色。接受过西式教育的溥仪和同样接受过西式教育的婉容，共同语言也多了起来。他与婉容一起出入各种社交场所，在华尔兹下翩翩起舞，日子过得好不快活。而此时的文绣显得如此格格不入，她不懂这些突如其来的时尚，也融不进这灯红酒绿的社交圈，加上在对待日本的态度上与溥仪政见的不统一，文绣很快就彻底被溥仪冷落了。

在溥仪的回忆中有这样一件事：一天，文绣独自外出，回来后在院子里吐了一口唾沫，恰巧婉容坐在旁边，误以为文绣是在辱骂她。于是婉容将这件事报告给了溥仪，要求他派手下的人前去斥责文绣。文绣受此不白之冤，便来到溥仪的房间欲向他说明情况，溥仪却将她拒之门外，狠心不见。

还有一件事：农历七月初七，本是鹊桥相会的美好日子。晚上，溥仪与婉容在院子里有说有笑。文绣独自在屋里，自觉此生无望，便拿起剪子捅向自己的肚子，意欲自杀，幸好被太监拦了下来。太监将事情禀告溥仪，溥仪听后却生气地说："不用理她！她惯用这种伎俩吓唬人，谁也不要理她！"事后婉容有些害怕，吃晚饭时对溥仪说："也把淑妃叫出来一起吃饭吧！"溥仪回绝婉容："不用！你如果叫她出来，我就不吃饭了！"这件事让文绣彻底寒了心，成为文绣离婚的导火线。

文绣的离开并没有让婉容和溥仪过上亲密的二人世界，反而也让这对如胶似漆的佳侣分崩离析。溥仪离婚后，感到颜面大失，他没有反思自己的过错，反而将责任一股脑儿地推向了婉容。在他看来，是婉容的争风吃醋挤走了文绣，如果不是婉容的好妒，文绣就不会提出离婚，那么他的帝王颜面也就不会丧失。因此，文绣走后，溥仪对婉容也起了反感，很少到她的房间里去，也很少听她诉说自己的心事，曾经的恩爱不复存在。

刀妃革命——淑妃离婚

1931 年 8 月 25 日下午，文绣偕同妹妹文珊，还有一个太监，乘坐一辆汽车出了天津静园的大门，静园是他们离开张园后居住的地方。

文绣乘车来到指定的国民饭店，对着值班员嘀咕了几句就推门而入，直奔 37 号房间。

太监惊疑不已，而又不敢多问，只好紧紧相随。

进房刚刚坐稳，文珊就正色地对太监说："你先回去吧，淑妃就留在这儿啦，告诉你吧，淑妃正要和皇帝离婚，还要向法庭控告他呢！"

听了这话，太监赶紧双腿长跪，苦苦哀求淑妃回去。

哪知道文绣态度极其坚决，她从衣袖中取出三封密函，交付太监说："今日之事与你无关，你可拿着这几封信，回去转告皇上。"太监接过信还想哀求，这时三位西装革履的先生推门走了进来，他们就是文绣求表外甥女、前民国总统冯国璋的孙媳为她代请的三位律师——张士骏、张绍曾、李洪岳。

　　原来，这一切都是三位律师会同文绣表外甥女一起安排好的。文绣这次出走静园，摆脱"宫禁"，也是律师的主意，借口外出看戏散心，由文珊恳求溥仪恩准。同时律师们事先在国民饭店租好了这个房间，等待行动。律师们在拟写的这几封信中，申明已接受诉讼的委托，正式受理这桩离婚案件，并透露文绣出走的原因和要求。对此，溥仪自然很恼火，三年后他投靠了日本人，当上了儿皇帝，仍然对当年的律师恨得咬牙切齿，欲图报复。不过最终晚了一步，这些人在天津法租界里躲了下来，毫发无损。

　　当时，溥仪得知这一切时，大惊失色，恼羞成怒，无奈此时已是民国。他不愿闹上法院，于是采取了多种办法调解。去饭店里寻找，人已不知去向。想去说服律师，却没有人拿他当回事儿。最后恳求文绣回家，可是已经不管用了。

　　文绣坚决地向天津地方法院提出了诉状。

　　1931 年 8 月 28 日下午，有关律师想来进行调停，文绣一边流泪，一边诉说着九年来自己在帝王家的不幸遭遇。在场的律师都很同情文绣，于是极力鼓吹文绣走出这一段旧婚姻的阴影，投入新生活。两天后天津地方法院也通知溥仪在 1931 年 9 月 2 日下午 2 时作进一步的调停，溥仪万分焦躁，可又无可奈何。正当他一筹莫展的时候，文绣的族兄文绮登报指责文绣大逆不道。

"惠心二妹鉴：顷闻汝将与逊帝请求离异，不胜骇诧。此等事件，岂是我守旧人家所可行者？我家受清室厚恩二百余载，我祖我宗四代官至一品。且漫云逊帝对汝并无虐待之事，即果然虐待，在汝亦应耐死忍受，以报清室之恩德。今竟出此，吾妹吾妹，汝实糊涂万分，荒谬万分矣！"

这篇文章上了报纸后，很多迂腐的记者纷纷站起来，对文绣口诛笔伐。但文绣没有屈服，很快就一针见血地作出回复：

"文绮族兄大鉴：妹与兄不同父，不同祖，素无来往，妹入宫九载未曾与兄相见一次，今我兄竟肯以族兄关系，不顾中华民国刑法第二百九十九条及三百二十五条之规定，而在各报纸上公然教妹耐死。又公然诽谤三妹，如此忠勇殊堪钦佩。……查民国宪法第六条，民国国民无男女、种族、宗教、阶级之区别，在法律上一律平等。妹因九年独居，未受过平等待遇，故委托律师商确别居办法，此不过要求逊帝根据民国法律施以人道之待遇，不使父母遗体受法外凌辱致死而已。不料我族兄竟一再诬妹逃亡也、离异也、诈财也……理合函请我兄嗣后多读法律书，向谨言慎行上作工夫，以免触犯民国法律，是为至盼……"

10 月，经过双方律师的磋商，溥仪与文绣终于签字和解：双方协议完全脱离关系，溥仪给文绣 5.5 万元的生活费；文绣永不再嫁；双方互不损害名誉。为挽回体面，离婚后溥仪在京、津、沪报纸上发布广告刊登"上谕"："淑妃擅离行园，显违祖制，撤去原封位号，废为庶人，钦此。"

文绣回到北平后，恢复了傅玉芳的名字，在北平府右街私立四存中小学当上了一名老师，成为我国历史上第一个当过教师的皇妃。"七七事变"后，坚辞拒绝日伪的威逼利诱，大节不亏。抗战胜利后，文绣生活艰辛，以糊纸盒、上街叫卖为生，后于华北日报社做校对工作，成为自食其力的劳动者。

由于受当初协议中"永不再嫁"的影响，她一直也没有嫁人，直到1946年，才和一位前国民党的军官刘振东结婚。1953年9月18日，文绣因心肌梗去世，由刘振东所在清洁队帮助钉了一具木板薄棺，埋葬在安定门外的义地里，终年44岁，一生未有子女。

虽然文绣是史上第一个敢于向封建皇帝提出离婚、第一个敢于公开同皇帝打官司并获得成功的皇妃，但是她的聪明和她的勇敢最终没有带给她真正的幸福。但是文绣从不后悔离婚，在她看来这样的生活虽然艰辛，却是有滋有味。

从文绣留下来的照片看，她其实并不漂亮，起码不能与婉容相比，但她很内秀，很有那种深宫大院培养出来的气质，端庄、文静、温文尔雅，又极具才气。如果不进宫，文绣的人生也许是幸福的、多姿多彩的。

相对于文绣，婉容的悲剧，客观上的原因是封建王朝的残害，而主观原因则是其之虚荣心，她把皇后的位置看得太重，如果她也能像文绣一样勇敢地离开皇帝，做一个自由人，也许会换来新生，可是她没有，她放不下自己作为皇后的荣耀。她把皇后的宝座看得比自己的幸福更重，最终为虚荣付出了一生的代价。一个有着绝世风华的皇后，一个受过西方教育又很典雅的东方美女，就这样被毁了。

世人在为婉容哀惜的同时，又为文绣感到庆幸。茕茕孑立，踽踽而行，匆匆行色中，文绣孤独地踏寻人生的阡陌。一身贫瘠的负履，几行沉重的足音，踉跄了灵魂无疆的轨迹。

人生何似，缥缈孤鸿。浮生流水，梳洗一路风尘，世事漫随，岁月无声蹉跎，几杯风雨沉淀风花雪月的萦绕。

文绣以她的勇敢，推开了一扇门，敞开灵魂一如既往的追求，如歌的四季，充盈日月星辰的光华，于花落无声处，步若浮生一梦，轻盈而来，拂尘而去。

风化的眺望斑驳了暮秋的阑珊。凭栏应有语，欲诉谁聆？

秋叶零落的绝唱，泛滥了一望无际的苍茫，窒息着逼仄的视野。几抹残菊，妆饰淡雅的秋眉。

几许惆怅，煮一壶如血残阳，温暖今宵褴褛的落魄。

而今，脉脉的秋水，凝练成一枚渐行渐远的倩影，模糊了历史日渐混沌的记忆。

　　流光飞逝，白驹过隙。逝者如斯，风物已殇。

　　俱往矣！纵然是桑海沧田，又怎能释怀此生的惆怅？只影孤鸿，一蓑风雨任平生。此生归去，文绣回首过去，也无遗憾也无怨！

婉容的自我毁灭

　　婉容失去溥仪的欢心后，只能靠抽鸦片来打发寂寞的时光。伪满洲国时期，溥仪与婉容从表面上看仍旧是夫唱妇随，但实际上已经只是挂名夫妻。缺失感情抚慰的婉容不仅鸦片抽得愈来愈凶，甚至开始和别人幽会。

　　1932 年 1 月，婉容在日本人的诱骗下，由天津转道大连再转至旅顺与溥仪团聚，但此时的溥仪已成为听任日本关东军摆布的傀儡。在长春，他们的一切都要听从日本人的安排，一举一动都受到秘密监视，甚至不能走出大门一步。婉容不堪忍受日本人的欺辱，决意出逃。

　　在中华民国南京国民政府第一任外交部部长顾维钧回忆录里有这样一段记载："我们在大连停留了一夜，发生一件有趣的事。我的一个随从人员过去在北京当过警察，是我的四个卫士之一。由于 1925 年的炸弹事件，他留了下来给我当保镖。他是北京人，在北京认识很多人。当我在大连一家旅馆里吃午饭时,他进来说,一个从长春来的满洲国内力府的代表要见我,有机密消息相告。我起初犹豫,因为他说的名字我不熟悉。但是我的随从说,他在北京认识这个人,可否见见他。他告诉我,此人化装为古董商,以免日本人注意(也许他当过古董商)。我出去走到门廊里,我们停在转角处。此人告诉我,他是'皇后'(长春'宣统皇帝'的妻子)派来的。他说因为知道我去满洲,她要我帮助她从长春逃走;他说她觉得生活很悲惨,因为她在宫中受到日本侍女的包围(那里没有中国侍女)。她在那里一举一动都受到监视和告密。她知道皇帝不能逃走,如果她能逃走,她就可能帮他逃走。我为这故事所感动。但是我告诉他,我的处境不能替她做什么事,因为我在满洲是中国顾问的身份,没有任何有效方法来帮助她。虽然如此,我得到一个明确的概念,知道日本人都干了些什么,这个故事可以证实日本的意图。"

自这件事以后,婉容并没有气馁和放弃再次逃跑的机会。1933年的八九月间,当时伪满立法院赵欣伯的妻子准备赴日,婉容便托她帮忙东渡。婉容认为,只要她能逃走,就一定会帮助溥仪逃走,可此事万没想到,此事被当时正在日本的三格格发现,她写信告知溥仪,结果逃跑又成为泡影。从此,婉容再也没有找到逃脱的机会,生不如死的她,便选择了自我毁灭。

　　根据《我的前半生》被删节内容，婉容染上了吸食鸦片的嗜好，并与侍卫通奸，暗结珠胎，诞下一女，后来孩子死亡，婉容忆子成狂。

　　按照溥仪的说法，婉容把文绣挤走了，他因此对她很反感。长期受冷遇的婉容，一方面有正常的生理需要，另一方面又不能丢开皇后的尊号而与溥仪离婚，于是就发生了暧昧私通的行为。婉容先后与两名溥仪的随侍李体育、祁继忠通奸而怀孕，此事激怒了溥仪。在吸毒及私通的问题上，婉容受到她哥哥的鼓励。其实，早在她那次离津去大连的路上，她哥哥为了换取某种利益，早已把她卖给一个日本军官。

　　1935 年，直到婉容即将临产，溥仪才知道她与别人私通。之后婉容生下一个女婴，溥仪把婉容生下来的女儿扔进锅炉，之后却对婉容说把女儿交给她哥哥代养，这导致婉容至死也不知道孩子早已死亡。

　　经过这一次打击之后，仅仅两年的时间，昔日如花似玉的婉容成了一个完全不能控制自己的疯子，她已经不懂得梳洗打扮，整天喜怒无常。唯有一个习惯还保留着，就是每天吸鸦片。婉容被关在屋子里与外界隔离起来，溥仪派了两名太监和两名女佣伺候她。之后婉容身体就出现了问题，病得最严重时两腿已不能下地走路。由于长久关在房子里，本来就有目疾的婉容，眼睛更见不得光亮，要用扇子遮着从扇子骨的缝隙中看人。但她偶尔也有清醒的时候，每逢这时，她就哭着骂她的父亲荣源，骂他为了要当国丈而断送了自己的一生。

1945 年 8 月，苏联在"八月风暴"行动中迅速攻占满洲，婉容在 11 日随宫廷人员自新京撤至通化大栗子沟，后被占领当地的共产党游击队俘虏，先后运至通化、长春、永吉、敦化、延吉，最后于 1946 年 6 月 10 日前后（见嵯峨浩回忆录）或 8 月下旬（当时报纸记载）死于吉林省延吉的监狱里，葬地不明。有说是"用旧炕席卷着扔在北山上"，也有说是"葬于延吉市南山"，尸骨亦无处寻找。三年以后，在伯力收容所过囚居生活的溥仪从嵯峨浩给溥杰的家信中获悉婉容的死讯，但对此他似乎无动于衷。

2006 年 10 月 23 日，经其弟润麒同意以招魂形式将婉容与溥仪合葬于河北清西陵外的华龙皇家陵园——溥仪墓"清献陵"，谥号"孝恪愍皇后"。